CB021708

Carol Costa
MINHAS PLANTAS

Carol Costa
MINHAS PLANTAS

Jardinagem para todos (até quem mata cactos)

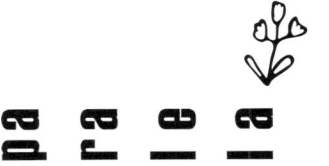

A Editora Paralela é uma divisão da Editora Schwarcz S.A.

Grafia atualizada segundo o Acordo Ortográfico da Língua Portuguesa de 1990, que entrou em vigor no Brasil em 2009.

CAPA e PROJETO GRÁFICO Joana Figueiredo
FOTO DE CAPA Bruno Geraldi
PREPARAÇÃO Lígia Azevedo
REVISÃO Valquíria Della Pozza
      Jane Pessoa

Dados Internacionais de Catalogação na Publicação (CIP)
(Câmara Brasileira do Livro, SP, Brasil)

Costa, Carol
    Minhas plantas : jardinagem para todos (até quem mata cactos). Carol Costa. — 1ª ed. — São Paulo : Paralela, 2017.

    ISBN 978-85-8439-085-4

    1. Flores – Cultivo 2. Jardinagem 3. Plantas 4. Plantas – Cultivo 5. Plantas – Guia I. Título.

17-05949   CDD-635

Índice para catálogo sistemático:
1. Jardinagem 635

10ª reimpressão

[2021]
Todos os direitos desta edição reservados à
EDITORA SCHWARCZ S.A.
Rua Bandeira Paulista, 702, cj. 32
04532-002 — São Paulo — SP
Telefone: (11) 3707-3500
editoraparalela.com.br
atendimentoaoleitor@editoraparalela.com.br
facebook.com/editoraparalela
instagram.com/editoraparalela
twitter.com/editoraparalela

Pro Pav, meu diamante de sol.

Se não fosse capaz de cuidar de uma simples planta, como poderia cuidar de mim?

DE QUANDO UMA FLORESTA BROTOU LÁ EM CASA

"Adoro planta, mas tenho dedo podre!" Cada vez que ouço algo assim, um pedacinho de mim volta no tempo e lembra que eu mesma acreditava nisso. Porque, se existisse um Garden Killers Anônimos, eu certamente teria presidido o grupo. Ah, se teria… Depois de matar tantas orquídeas de sede, de soterrar milhares de sementinhas inocentes, de assassinar bonsais e aniquilar canteiros, não me achava capaz de cuidar de um vaso de suculenta que fosse.

O tal "dedo verde" simplesmente não existia aqui em casa — suspeito que ele brote junto do "pé de dinheiro" de que meus pais tanto falavam quando eu era criança. E não era por falta de esforço que eu me saía mal com as plantas, não, viu?

Comecei minha carreira de assassina serial de plantas levando na mala algumas mudas enfiadas pela minha mãe no meio das minhas roupas. Eram fragmentos de um coração despedaçado pela primogênita que ia estudar longe. Eu não fazia a menor ideia de como cuidar daquelas coisas verdes e molengas, então claro que liguei pra Araraquara assim que abri a mala. "Faz de conta que é o quintal aqui de casa, filha. Assim você não fica tão sozinha em São Paulo." E foi tudo. Dona Bia desligou e eu fiquei olhando aqueles serezinhos mínimos, sobre os quais nada sabia, exceto que faziam fotossíntese, precisavam de terra e eram legais.

Já faz vinte anos desde que me arrisquei a cultivar as mudinhas num pote de iogurte, meio a contragosto — claro que uma morreu logo de cara e as outras não sobreviveram às minhas mil mudanças de casa. Matei muita planta, é verdade. Centenas delas, sem exagero nenhum. Minhas vítimas mais recorrentes eram as orquídeas, que sucumbiam à sede eterna ou ao afogamento gradual. (Coitadas das minhas primeiras *Phalaenopsis*…)

Foi justamente o rastro de assassinatos involuntários — eu juro, eu juro que foi sem querer! —, a montanha de vasos vazios, que me fez dar um basta. Aquela matança tinha de acabar, e, não, eu não moraria num lar sem verde. Nānānininānocas. Se não fosse capaz de cuidar de uma simples planta, como poderia cuidar de mim?

O.k., admito, uma pontinha de despeito me impulsionava. Porque as mesmas orquídeas que eu comprava pra minha sogra, de parzinho, irmãs gêmeas das minhas, iam bem, enquanto as minhas morriam em casa. Ou nunca mais davam flor.

Vai vendo só: comecei a estudar jardinagem assim, meio que pra me desculpar por tanto planticídio. As plantas são umas lindas, uns serezinhos realmente generosos, boas professoras, e vão conduzindo você devagarinho pro lado bom da Força. Fui aprendendo uma coisinha aqui, outra ali, primeiro nos livros, depois com vendedores, agrônomos, paisagistas, engenheiros florestais, pequenos agricultores e quem mais fosse bonzinho o bastante pra responder com paciência a todo tipo de pergunta ingênua que eu fazia.

Um dia, aconteceu. Duas vizinhas me encontraram no elevador, senhorinhas bem discretas que eu via muito pouco. "Você precisa ver os tomates dela!", comentou uma, pra depois invadir docemente minha sala, puxando a comadre pelo braço até a minúscula varanda. "Não te disse, Adine? Ela tem tomates na sacada! Tomates!"

Pausa pra olhar as pontas dos meus dedos. Elas continuam sem nada de verde, exceto pelos nacos de terra com musgo que cismam em ficar embaixo da unha, meu "esmalte" preferido. Como é que uma *garden killer* consegue criar tomates? Bem, no meu caso, foi tentativa e erro e erro e erro e tentativa e erro e… acerto! Matando, pesquisando a causa da morte, pedindo perdão pra minha boa alma, tentando de novo, eventualmente matando mais um pouquinho, analisando o que tinha dado errado e então plantando uma vez mais. Até dar certo.

O bom é que você pode pular umas etapas agora que tem este livro em mãos. Porque aqui está um apanhado só do que deu certo, do que foi testado e aprovado no meu pequeno jardim (e, depois, na casa das corajosas clientes de paisagismo que fui conquistando). Nas próximas páginas você vai encontrar todos os pulos do gato, muitos truques ninja, cada dica, macete e segredinho que fui reunindo primeiro como jornalista, depois como jardineira e apresentadora.

Tentei fugir quanto pude da linguagem técnica pra não assustar quem está começando. Se notar algum termo esquisito, não entre em pânico que eu explico na sequência. Dividi os capítulos de acordo com as centenas de dúvidas que recebo diariamente no site Minhas Plantas. É por isso que você não encontrará aqui as tradicionais divisões botânicas de "forrações", "arbustivas" ou "herbáceas", por exemplo (ainda que muitas representantes dessas categorias estejam espalhadas por todo o livro).

Procurei passar longe das verdades absolutas — você verá que as plantas são seres dinâmicos e flexíveis, capazes de se adaptar a condições um pouco diferentes de seu habitat natural. Então, teste o que for lendo, rabisque o livro, discorde de mim e empodere o jardineiro que há em você. Erre, tente descobrir o que deu errado, se suje um pouquinho de terra. Você não está sozinho. Vem cá. Respira fundo e me dá a mão. Juntos vamos descobrir a diversão e o encantamento que só a jardinagem é capaz de proporcionar. Bora?

Venha para o Lado Verde da Força

COMO TORNAR ESTE LIVRO SEU MELHOR AMIGO

Agora você se encheu de esperanças e está pronto pra arregaçar as mangas e se sujar um pouquinho de terra. Sen-sa-ci-o-nal! Posso sentir daqui a coragem exalando dos seus poros. Que coisa mais emocionante! Então, deixa eu contar como vamos brincar aqui neste livro.

Nas próximas páginas, vou falar sobre tudo o que as plantas precisam. Vai ser bem basicão mesmo. Não se preocupe, não vai ter desenho esquemático com setinhas pra "estigma" e "androceu" (vamos deixar esses termos técnicos pra quando você quiser se especializar em botânica, tá?).

Tudo aqui foi pensado pra ajudar você a começar, mas não há uma maneira "certa" de usar este livro — ufa, ainda bem! Pode ser que você queira ir direto ao passo a passo que há em cada capítulo — todos lindos e cheios de fotos. Também tá valendo começar pelas necessidades básicas das plantas, afinal, é preciso manter seus "projetos" vivos!

Você vai notar que algumas plantas têm nome e sobrenome escritos em itálico: é o nome científico. Esse é um jeito certeiro de não se confundir no meio de tantos nomes populares parecidos, afinal, dama-da-noite pode ser arbusto, trepadeira e até árvore, mas *Epiphyllum oxypetalum* só tem um (e é um cacto que floresce de madrugada).

Pra quem está com medo de começar, supervale fuçar o capítulo das suculentas, as plantas MAIS gentis do mundo com o jardineiro iniciante. Você vai descobrir rapidinho por que elas são tão colecionáveis. *.* Prefere cuidar de orquídeas? Opa, pensei nelas, no capítulo 7 tem uns truques bem bons pra *Cattleya*, *Phalaenopsis*, *Oncidium*, *Dendrobium* e tantas outras bonitezas.

Se quiser uma planta pra uma situação específica, corre lá pro final do livro, com sugestões de verdinhos pra cada canto do seu lar. Tem dicas MARA até praquela varanda onde venta horrores ou pra sala meio escurinha. ;)

E vamo que vamo, as plantinhas nos esperam! \o/

Capítulo 1
VERDE, O NOVO PRETINHO BÁSICO

Taqui, mastigadinho, tudo o que você sempre quis saber sobre plantas, mas não se animava a perguntar porque achava que jardinagem é só pra quem "tem o dom". #sqn

Em que outro lugar do mundo é possível ver a infância acontecer tão livremente quanto num quintal?

Há tesouros por toda parte

Talvez você já tenha se arriscado a montar um jardim, manter um vasinho na mesa do trabalho, ou até uma horta no apartamento. Talvez você seja um escultor de bonsais, um colecionador de orquídeas — epa!, pode ser até que eu esteja escrevendo pra um futuro mestre do paisagismo, como o Roberto Burle Marx! Quer tenha muita ou nenhuma experiência, uma coisa é certa: há uma criança jardineira dentro de você.

É, eu sei, parece meio nada a ver falar de criança pra um bando de marmanjo. Tá certo. Só que mesmo o mais maduro (ou o mais cético) dos leitores vai se lembrar de ter vivido dias mágicos num jardim. #lagriminha

Em que outro lugar do mundo é possível ver a infância acontecer tão livremente quanto num quintal? Existe melhor professora do que uma velha mangueira, com seus ensinamentos de escalada e tombo? E olha que fui criada em apartamento! #chocante

Não tendo árvore pra escalar fora das férias escolares, eu me virava com o que conseguia dentro de casa. Cavoucando a superfície dos vasos, rompe-se o edredom de folhas secas e encontra-se o marshmallow de fungos. Chega-se à terra, primeiro dura, seca, avermelhada, depois grumosa, úmida, quente. É no cavoucar frenético que lamentavelmente partimos minhocas e espantamos grilos ou que ouvimos a terra sussurrar.

As crianças nascem prontas pra jardinagem: têm coragem, um punhado de deslumbramento e olho vivo pras coisas miúdas que enraízam, farfalham e se esparramam pelo chão.

É dessa criança naturalista e contemplativa que estou falando. Há uma dentro de você. Acredita? E o melhor de tudo é que podemos despertá-la sem nem mesmo ter um quintal. Afinal, há tesouros por toda parte pra quem começa a plantar.

Feche o computador e se desligue das redes sociais um cadim. Busque uma praça, um parque, o maior vaso da casa. Se aventure no universo das coisas verdes. Não desanime se sua primeira experiência não for lá essas coisas. Acontece. Continue mais um pouco, se dedique mais vezes ao mês. Depois de umas tentativas, terá um verdinho vivo que surgiu diretamente dos seus esforços. Há lembrança mais feliz pra ter na memória?

3 PASSOS PRA ACHAR A PLANTA
QUE É A SUA CARA

E daí que você esqueceu de colocar água na horta e as mudas desidrataram? Abre um novo pacotinho de sementes e, agora, com a sabedoria que só o erro traz, fica esperto com as regas. Aproveita e bota os bebês à vista, em um vaso coberto com filme plástico de cozinha, pra não ter de regar tanto. #ficaadica

Tem pouco tempo pra cuidar de planta? Sussa, vai de cactos e suculentas, de pata-de-elefante, de rosa-do-deserto, de todo verdinho que possa ficar semanas sem água e, ainda assim, crescer lindo e feliz.

Quer ter um jardim, um cantinho verde na sua casa? Então, a partir de agora, não tem mais desculpinha, tá? Não tem essa de que não bate sol, de "não sei cuidar", de "já tentei e tudo morre". A gente vai achar a planta que é o SEU número, a tampa da sua panela, ou melhor: a flor da sua lapela. Em três, dois, um...

1. TESTE RÁPIDO PRA SABER ONDE PÔR O VASO

Durante o dia, pegue uma bula de remédio e se posicione onde pretende colocar a planta. Faça isso sem acender a luz, o.k.? Se o vaso for ficar no chão, melhor se agachar (se quer plantas em prateleiras, use uma escada). Agora tente ler a bula. Tá fácil? Se a resposta for "sim", o ambiente pode receber plantas. A luz forte faz o branco do papel arder nos olhos? Então o local é de sol (depois, verifique se bate sol o dia todo ou só meio período). Precisou acender uma lâmpada pra enxergar? Xi, melhor usar um arranjo floral ou plantas permanentes, porque as verdadeiras não vão sobreviver nesse breu.

2. UM JARDIM DO TAMANHO DO SEU BRAÇO

Quem vai cuidar das plantas? Você sozinho? Seu companheiro? Um empregado? Seus filhos? Vários colegas da república ou do escritório vão se revezar? Ó, vai por mim, se está começando, melhor ser você o Jardineiro Oficial. É sério, tenha um número de vasos de que consegue dar conta sozinho. Quanto mais gente envolvida, mais confusão: além de ficar de olho nas plantas, vai ser preciso acompanhar as trocas de informações entre as pessoas. A praga que um viu e esqueceu de avisar pode se espalhar, a muda que um plantou talvez precise de cuidados especiais sem que ninguém fique sabendo. E há sempre o risco de um achar que o outro não regou a floreira direito — e dá-lhe água nas lavandas! Ai, ai… Não desanime! Logo, logo você vai poder "terceirizar" a manutenção. ;)

3. SEU CANTINHO VERDE COMEÇA ANTES DE PLANTAR

Você não vai pra outro país sem saber se precisa de visto, quais vacinas tomar ou como é o clima, certo? Com uma pesquisinha rápida, dois palitos, qualquer um consegue escolher um destino, descobrir se faz frio ou calor e começar a calcular quanto vai gastar. Use essa lógica na floricultura, no garden center, na banca de flores da feira. Comquipode levar uma planta pra casa sem nem saber o nome da moça? Sem ter ao menos uma ideia do espaço que ela vai ocupar quando crescer, se vai bem na sua cidade, se precisa de sol? Pode ser divertido descobrir no susto, mas é mais certeiro fazer um microplanejamento do que você quer, aumentando assim as chances de dar certo!

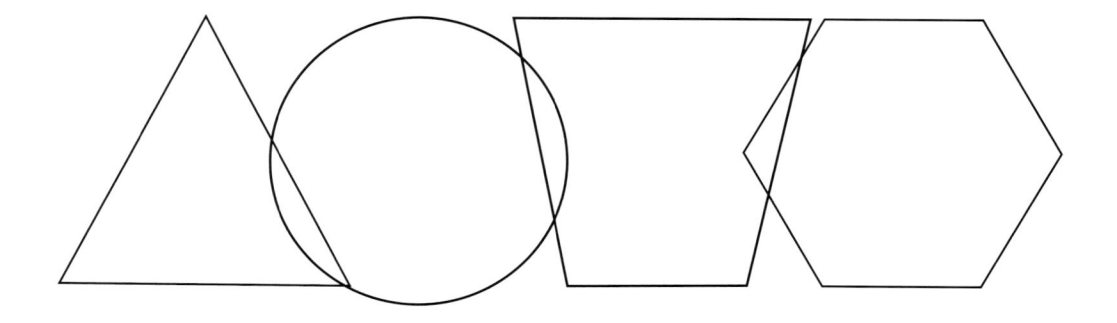

DO QUE AS PLANTAS PRECISAM?

Do que você precisa pra sobreviver? Numa enquete rápida entre amigos surgem variações da fórmula: amor + alimento + saúde + conforto (em termos de grana, de casa, de ir e vir). Olha que loucura: somos uma única espécie, *Homo sapiens*, e essa equação já varia tanto de pessoa pra pessoa.

Do que uma planta precisa pra sobreviver? A resposta rápida é: luz + água + terra + nutrientes. Só que, ao contrário de nós, as plantas são MUITO diversas: há 400 mil espécies vegetais conhecidas no mundo — **mais de 12 mil só de samambaias**. Então, a combinação certinha do que uma planta precisa muda muito de uma espécie pra outra.

Tem planta que ama sol forte de um tanto, mas de um tanto, que se faz um friozinho de nada ela amarela todinha. Existem espécies que florescem lindas e contentes depois de pegar fogo — elas estão superacostumadas com a secura do cerrado e com os incêndios típicos dessas regiões. Há plantas que têm sede de um nutriente específico e outras que não dão a mínima pra ele, como acontece com as cavalinhas e seu adorado silício, de que ninguém mais gosta tanto assim.

Já viu aonde quero chegar, né? Niqui tudo que eu vou falar daqui pra frente é relativo, dependendo da planta que você quer ter. Na dúvida, pesquise pelo nome científico, a impressão digital de cada serzinho — não existem duas plantas diferentes com o mesmo nome e sobrenome. Tendo uma ideia de como é o lugar de onde a espécie vem, fica mais fácil tentar reproduzir essas condições em casa. Ou, na pior das hipóteses, ajuda a concluir que não dá pra fazer nevar no Rio de Janeiro, então é melhor descartar faias e salgueiros na varanda em Copacabana, neah?

Vamos ao básico, então.

luz + água + terra + nutrientes

LUZ, QUERO LUZ!

As plantas não são bobas nem nada e têm dentro delas mecanismos especiais pra saber quando é dia ou noite. Essas células fotossensíveis conseguem "acordá-las" do soninho pós-inverno e avisá-las de que está na hora de florir ou que há pouca ou muita luz natural no ambiente. Danadinhas elas, hein?

É por isso que algumas folhas da sua samambaia crescem mais pra um lado ou que uma suculenta fica fininha e comprida, tombando o vaso: elas PERCEBEM onde está a luz.

Esse mecanismo é o mesmo que liga e desliga a fotossíntese: com luz solar, a planta produz oxigênio captando o gás carbônico que há no ar; quando o sol vai embora, ela respira como a gente, aspirando oxigênio e expirando gás carbônico. Começa o dia e o ciclo sem fim continua.

Aqui vão algumas dicas bem mastigadinhas pra você acertar na luz.

1. SOMBRA NÃO É BREU

Tem planta de sol, meia-sombra e sombra. As primeiras precisam de oito horas diárias de sol. As segundas crescem com umas quatro horas de sol por dia. E as outras? Vivem só com luz difusa, naquele ambiente com muuuita claridade natural, mas sem sol. Nada a ver com breu, hein?

2. A 3 METROS DA JANELA

O melhor lugar pras plantas é "lá fora", onde dá pra fazer sujeira sem culpa. Se você mora em apartamento, o canto mais nobre é a varanda ou perto de vitrôs e janelas. Dica ninja: deixe os vasos a, no máximo, três metros de distância da luz natural.

3. A FOLHA "FALA"

Se as folhas estão pálidas, amareladas ou com grandes áreas esbranquiçadas, a planta está tomando sol demais. Se a orquídea tem folhas bonitas, verde-garrafa, e nunca mais deu flor, está tomando sol "de menos".

4. SEM MUDANÇAS DRÁSTICAS

Trouxe vaso do supermercado? Mesmo que a planta seja de sol, deixe apenas na claridade por uns dias. Quando for mudar um vaso de lugar, faça isso gradativamente, aumentando a insolação ao longo das semanas. Assim, as verdinhas se aclimatam sem sofrimento.

CHUVA, ÁGUA E PISCININHA

A real é que as plantas não conseguem existir sem água nenhuma. E, por nascerem grudadinhas ao solo, é claro que não precisam da gente pra matar a sede: basta chover nelas que tá tudo certo. Depois de uma boa chuvarada, o gramado brota verdinho (o seu e o do vizinho!), as praças se tornam mais frescas, as pétalas ficam brilhantes e tudo o que é semente, muda e matinho vai bocejando, se espreguiçando, aqui e acolá.

Só que a gente inventou de ter plantas em vaso e de colocar essas moças DENTRO de casa ou onde a chuva não chega. Então, as raízes se tornam dependentes da água que a gente "chove" nelas.

Ainda que um cacto precise de pouca rega, se você não molhar o vaso, as raízes não têm de onde tirar água sozinhas. Veja só que coisa. Primeiro, as raízes descem. Daí, batem no fundo do vaso. Depois, começam a dar voltas em torno da parede interna, onde costuma ter mais umidade. Às vezes, a planta se toca de que não tem mais nada pra ela ali dentro e resolve sair do vaso, pra ver se consegue captar nem que seja o vaporzinho que existe no ar.

O caso contrário também é crítico. Você rega tanto, mas tanto, que a água começa a empoçar no fundo do vaso. Surge aquela piscininha assassina de raízes, e a terra que antes era um bolo fofo se transforma em pântano fedorento. Sem ar, as raízes começam a apodrecer e viram uma porta de entrada pra doencinhas mil. Ai, ai, ai…

Tem jeito? Tem! Regar não é complicado se você seguir estas dicas.

5 SEGREDOS DA REGA PERFEITA

DEDÔMETRO: toque a terra com a ponta do dedo antes de regar. Se estiver seca, regue; se estiver úmida, não regue.

DE MONTÃO: coloque MUITA água, até ela sair pelos furos do vaso. É melhor molhar muito poucas vezes na semana do que um tico por dia.

VAPORZINHO: borrifar é um refresco num dia quente, aquela delicinha que aumenta a umidade do ar, mas NÃO substitui a rega.

S.O.S.: terra que esturrica vira uma crosta difícil de hidratar. Mergulhe o vaso num balde com água por uns dez minutos e salve sua planta!

HORA CERTA: molhe seu cantinho verde de manhã cedo ou no fim da tarde. Isso economiza água, evita pragas e favorece o desenvolvimento saudável das plantas.

3 TRUQUES PRA REGAR MENOS

1 CUBRA A TERRA

Com aparas de grama, casca de pínus, serragem, bagaço de cana... Use a palha vegetal mais barata e abundante na sua cidade pra fazer uma cobertura de uns quatro dedos na superfície de vasos, canteiros e jardineiras. Terra coberta dá menos praga, fica mais fresca, segura melhor a água da chuva e das regas, mantém os nutrientes e deixa as plantas bonitas e saudáveis por mais tempo, sem precisar ficar adubando muito (já que a própria cobertura vira adubo).

2 QUEBRE O VENTO

O mesmo vento que seca as roupas no varal é o que desidrata as plantas, roubando a água que elas usariam pra fazer folhas, flores e frutos. Crie barreiras quebra-vento em jardins muito expostos ou plante arbustos densos pra proteger as espécies delicadas. Outra saída é escolher plantas resistentes à ventania, quase sempre as de folhas pequenas e envernizadas, tipo alecrim, russélia, aspargo-alfinete...

3 AGRUPE OS VASOS

A união faz o frescor: quanto mais próximos estiverem os vasos uns dos outros, mais úmidas as plantas ficarão, e por mais tempo. Os vapores de água que cada espécie transpira se juntam numa nuvem de umidade que beneficia todas as plantas — e inclusive nós, seres humanos: é por causa dessa transpiração constante que a sombra das árvores sempre será mais fresca do que a de um prédio. #maisverdenascidades

terra

NO QUENTINHO DA TERRA, NO FRESQUINHO DA ÁRVORE

Sofá, despensa, rede social — a terra é um pouco disso tudo pra planta. É nela que as raízes se esparramam pra dar sustentação ao caule. No solo estão a comida, as saborosas porções de nitrogênio, fósforo e potássio, os canapés de cálcio, magnésio, enxofre, boro e todos aqueles caras que a gente vê na tabela periódica.

Na terra rolam altas conversas também, afinal, toda planta está conectada a uma rede wi-fi muito eficiente. Pelas raízes, uma árvore pode avisar às vizinhas que tem praga no pedaço, produzir substâncias que impeçam outras plantas de crescer perto dela ou ainda invadir o papo das bactérias só pra confundi-las e evitar um ataque. E há ainda raízes buscando água, levando nutrientes, namorando fungos amigos. Tudo ali, na surdina, no quentinho da terra.

Plantas não curtem só terra sem mais nada. Quase todas crescem melhor numa misturinha que leva **areia** e **composto orgânico**, aquela "terrinha preta" com cheiro de chuva que surge da decomposição de resíduos animais e vegetais.

A areia deixa o solo mais leve e poroso. O composto melhora a qualidade da terra, tornando-a mais nutritiva, permeável à água e rica em vida. A essa misturinha dos três ingredientes damos o nome de **substrato** — eu adoraria que tivesse um nome mais fofo, mas você não vai conseguir nada na floricultura se procurar por "misturinha pra planta", então, o jeito é aprender o termo certo.

Enquanto umas amam esse tipo de substrato, há quem prefira crescer sobre outro suporte: o tronco de árvores. Fazem parte dessa turma as avencas, algumas orquídeas, samambaias, rendas-portuguesas e tantas outras moças. Elas não sugam a seiva das árvores, só abraçam o tronco e se desenvolvem ali, onde encontram umidade, sombra e ventilação.

Se você não contar pra ela, sua orquídea nunca saberá que está num vaso.

Comquifais com essas que não crescem no solo? A gente finge que o vaso é árvore, uai. Em vez de encher as raízes de areia e terra, colocamos as plantinhas em placas de madeira ou em vasos comuns com o tal do "substrato pra orquídeas", um mix de casca de árvore (quase sempre pínus, um pinheiro bem comum), casca de coco e carvão, tudo picadinho.

DO QUE É FEITO O CHÃO?

Pegue um punhado de terra, molhe pra fazer uma massinha e tente modelar. Faça uma cobrinha, depois junte as pontas e crie um aro. Se você mal conseguiu chegar à primeira etapa, seu solo é arenoso. O aro ficou perfeito e nem rachou? Sua terra é argilosa. Veja só:

> Se o grão de areia fosse uma bola de futebol, o grão de argila teria o tamanho deste ponto-final aqui, ó.

1 SOLO ARENOSO — mentaliza uma praia: a água do mar vem e vai, e o chão logo fica seco. Solo arenoso é assim, leve, arejado. Tem seus problemas também: na primeira chuva, os nutrientes são arrastados pras profundezas, longe das raízes, e tchau fertilidade... Não é à toa que quase não nascem plantas na areia da praia.

2 SOLO ARGILOSO — os grãos são tão pequenos que ficam grudadinhos, dificultando o arejamento das raízes e a penetração da água. É um material pesado, elástico. Fixa bem a umidade e os nutrientes, sendo mais fértil que o arenoso.

3 SOLO MISTO — tem uma mistura equilibrada de areia e argila. Mas não vai achando que é o solo dos sonhos, não. Tem planta que AMA solo leve, arenoso, como é o caso das lavandas e outras que só ficam lindas em solo argiloso e pesado. Tem gosto pra tudo nesta vida, né?

TERRA QUE ARDE OS "OLHOS" DA PLANTA

Mais uma palavrinha que você precisa saber quando se trata de solo: pH. A gente só lembra dessa expressão quando vai nadar na piscina e o olho arde embaixo da água, né? O pH é uma escala que vai de zero a catorze e indica quão ácido ou alcalino é um material. Pra você ter uma base de comparação, o limão tem um pH entre dois e três (azeeeeeedo!), e nosso sangue, que é ligeiramente alcalino, de mais ou menos 7,5.

A maioria das plantas gosta de crescer numa faixa de pH que vai de 5,5 a 6,5, mas algumas exceções preferem uma terrinha mais azeda (como é o caso dos trevos e das samambainhas) ou mais alcalina (que deixa jasmins, papoulas e oliveiras superfelizes). Há também plantas que são flex: em solo ácido, as hortênsias dão flores azuis; em terra alcalina, rosadas.

Agora você deve estar se perguntando comquifais pra saber o pH da terra sem usar nenhum aparelho de cientista maluco. Tem dois jeitos:

COM O TESTE DOS 2 COPOS:

encha dois copos com terra até a metade. Complete um com vinagre. Borbulhou? O solo é alcalino. Se não aconteceu nada, vá pro segundo copo, complete com bicarbonato de sódio e depois encha de água. Borbulhou? O solo é ácido. Se não surgirem borbulhas em nenhum dos testes, a terra é mista.

OBSERVANDO O MATO:

além de trevos e samambaias, outras plantas indicam solo ácido, como sapé (*Imperata exaltata*) e pega-pega (*Desmodium incanum*). Já lugar onde nasce espontaneamente artemísia (*Artemisia verlotorum*) tem pH tão alcalino que poucas espécies de clima tropical vão curtir crescer ali.

(Tem mais matinhos falantes nas pp. 80 a 83.)

nutrientes

A SOPA MÁGICA QUE ALIMENTA PLANTAS

Depois de uns anos, o nível de substrato baixa tanto no vaso que muita gente pensa que a planta "comeu" aquilo. Epa, terra não é Nutella, não! O volume baixa porque os micro-organismos desmontaram todas as moléculas como se fossem pecinhas de Lego.

Cada fungo, bactéria, minhoca, tatuzinho, formiga e outras miudezas crocantes que vivem na terra participa dessa renovação. Tudo vai sendo transformado em pedacinhos até que sobra o quê? Nitrogênio. Fósforo. Potássio. De novo, a galera toda da tabela periódica. E a água dilui isso, fazendo uma sopa delicinha pras raízes tomarem. Nhammm!

Você talvez esteja se perguntando por que adubar a orquídea "se na natureza ninguém aduba" ou por que dar "comidinha na boca" das hortaliças se na vida selvagem as plantas se viram. Bom, vamos rever essa ideia de floresta boazinha, sim?

A vida selvagem pode ser dura, muito dura. Olhe bem de perto a orquídea florida na selva. Você vai encontrar manchas, pintinhas, mordidas, um ninho de aranhas no meio das raízes, cocô de passarinho. Não é só com ela que isso acontece. Árvores têm seus galhos destroçados em tempestades. Arbustos são arranhados por muitos animais. Graminhas viram comida de herbívoros, que pisam nelas e ainda as transformam em banheiro. A touceira exuberante de costelas-de-adão crescendo ali, veja só, enraizou em cima de um formigueiro — reparando bem, tem até um ratinho morto apodrecendo no meio dela. Pode ser feio, pode ser fedido, mas tudo isso é gostoso pras plantas.

Então, levamos a mudinha de orquídea pra casa e botamos a moça num vaso com substrato. Cai uma folha seca, a gente vai lá e tira. A praga aparece e já saímos correndo pra tratar. Formigas inofensivas fazem ali

uma casa e bora jardineiro se desesperar. Queremos nossas plantas limpas, impecáveis, floridas e sem inquilinos (bem, talvez uma borboleta, se ela for bonita).

Já dá pra imaginar que essa vida asséptica não tem nada a ver com a natureza, né? E que, livre dos resíduos naturais se decompondo gradualmente, toda planta fica sem comida no prato, ops, vaso. Então, a gente tem, sim, que dar aquele *help* amigo e adubar a moçada regularmente.

Cada pecinha desse Lego faz uma coisa diferente: uns nutrientes estimulam a floração, outros, as raízes, alguns fazem parte da criação de enzimas e proteínas, e há ainda aqueles sem os quais a planta morre, de tão importantes que são. Você raramente vai precisar colocar uma pecinha isolada no vaso, até porque os adubos já contêm vários desses "ingredientes" de uma vez. Vem comigo entender.

REGRINHAS BÁSICAS DE ADUBAÇÃO

- Não misture adubos, mesmo orgânicos. Em excesso, eles podem matar a planta! Alterne o uso ao longo dos meses: um tempo de bokashi, depois húmus de minhoca, e por aí vai.

- Quanto mais variada a adubação da planta, mais saudável ela vai crescer e mais resistente vai se tornar a pragas e doenças.

- Adube DEPOIS de regar: na terra seca, o adubo não é absorvido. Não esqueça que a planta não "come" a comida, ela "bebe" os nutrientes pelas raízes e folhas. ;)

- Evite as horas de sol forte pra adubar, preferindo fazer isso logo de manhã ou à tardinha.

Entenda mais nas próximas páginas.

esterco

húmus de minhoca

N + P + K

farinha de osso

COMO DAR DE COMER ÀS PLANTAS

ADUBO MINERAL

É o famoso NPK, sigla das iniciais dos três elementos químicos mais importantes pras plantas: nitrogênio (N), fósforo (P, porque em grego se escreve *phosphorus*) e potássio (cujo nome em grego é *kalium*, portanto, K). Se a gente fosse comparar o adubo mineral a uma comida, seria como uma cápsula que alimenta imediatamente. Há fórmulas que incluem cálcio, enxofre ou magnésio, por exemplo; mas nunca tem tuuuudo o que a planta precisa, porque alguns nutrientes são incompatíveis entre si. O adubo mineral pode ser encontrado na forma de pozinho pra diluir na água, bastão pra enfiar no solo, granulado pra misturar com o substrato ou mesmo em bolinhas de liberação lenta. Siga as orientações que vêm na embalagem.

ADUBO ORGÂNICO

É todo tipo de adubo que tem origem animal ou vegetal, começando pelo biofertilizante e pelos estercos (de vaca, galinha, cavalo, coelho, morcego), passando por húmus de minhoca, tortas (de neem, algodão, mamona) e farinhas (de osso, sangue, peixe, concha, alga), bokashi e composto orgânico. Eles contêm vários nutrientes combinados (a composição varia dependendo do adubo escolhido), mas sempre precisam ser "trabalhados" por fungos e bactérias amigos. Manja uma comida que a gente tem de mastigar bastante pra engolir? Tipo isso. Adubos orgânicos são considerados maravilhosos porque matam a fome da planta e alimentam zilhões de bichinhos úteis do solo, deixando a terra fofa, porosa, fértil e saudável por mais tempo.

DE QUANTO EM QUANTO TEMPO PRECISO ADUBAR?

Aí que o bicho pega. Na natureza, a planta está constantemente sendo adubada, afinal todo santo dia caem folhas no chão, morrem bichinhos, um galho se quebra, a vaca faz cocô. Tudo o que foi vivo vira adubo pela mágica dos insetos e micro-organismos decompositores. Num processo, digamos assim, homeopático.

Pra facilitar a nossa vida, inventamos esse papo de adubar orquídeas semanalmente, a horta mensalmente, as flores e o gramado trimestralmente, e as árvores anualmente. Esses períodos, no entanto, são pra NOSSA conveniência, entende? Pra planta é mil vezes melhor comer um pouquinho todo dia.

Então, fica combinado assim: se quiser alimentar suas plantas com data marcada, tudo bem, mas nada de usar um montão de adubo de uma vez. Manja quando você entra numa dieta doida e promete NUNCA MAIS comer doce? Daí, na primeira recaída, manda ver logo a caixa inteira de bombons? Tipo isso. Não faz assim com seu jardinzinho, não. Eu sei que pode bater aquela culpa de nunca ter tempo pra cuidar das plantas, mas, quando você finalmente for dedicar alguns minutos a elas, trabalhe com segurança, diluindo ou aplicando os adubos do jeitinho que vem recomendado na embalagem. Adube de pouquinho, como um brigadeiro de bom-dia.

Tudo o que foi vivo vira adubo pela mágica dos insetos e micro-organismos decompositores.

OS INGREDIENTES DA COMIDA

Você não precisa colocar ingrediente por ingrediente nas plantas:
qualquer adubo orgânico terá um pouco de tudo desta listinha. ;)

ESTES A PLANTA PEGA SOZINHA

CARBONO (C)

O QUE FAZ? É o componente número um da vida:
está em hormônios, proteínas, carboidratos, cores,
aromas, troncos, galhos, folhas e em tudo (até em
mim e em você!).

FONTES: Está em abundância no ar e no solo, além de
ser encontrado em papéis, serragem, papelão, troncos
e palhas naturais (lembra a cobertura vegetal de que
falei na p. 31?).

HIDROGÊNIO (H)

O QUE FAZ? Milagre: reduz o ar e a água a pecinhas
menores que a planta aproveita no seu metabolismo.

FONTE: Água — ói só que molezinha!

OXIGÊNIO (O)

O QUE FAZ? Um pouco de tudo, e é superimportante
pra que as raízes cresçam, então TEM que haver
oxigênio nos buraquinhos do solo.

FONTES: Ar e água, mas nada de abusar das regas,
senão a terra empoça e as raízes acabam afogadas…

MACRONUTRIENTES DE QUE A PLANTA PRECISA BASTANTÃO

NITROGÊNIO (N)

O QUE FAZ? Ativa a fotossíntese, forma proteínas, deixa
a planta grande e verdinha.

FONTES: Estercos, farinha de sangue, ureia e raízes
de plantas da família das leguminosas (feijão, ervilha
e outras), que deixam nitrogênio no solo mesmo
depois de morrer.

FÓSFORO (P)

O QUE FAZ? Ajuda as sementes a brotar e é
combustível pra raízes, flores e frutos.

FONTES: Farinhas de osso e de peixe (onde o
nutriente está presente de montão) e composto
orgânico (que tem fósforo em menor quantidade).

POTÁSSIO (K)

O QUE FAZ? Ativa enzimas e deixa a planta durinha,
resistente a vento, pragas e doenças.

FONTES: Farinha de alga e cinzas em geral — peça
em pizzarias ou recolha de lareiras ou churrasqueiras! $\longrightarrow$

OS INGREDIENTES DA COMIDA (continuação)

MACRONUTRIENTES DE QUE A PLANTA PRECISA UM POUQUINHO

BORO (B)

O QUE FAZ? Permite que as raízes cresçam, fortalece as paredes celulares (junto com o silício), ajuda a alongar os tubos de pólen e age como uma bomba de água.

FONTE: Qualquer talco de farmácia tem ácido bórico, a forma preferida de boro pras plantas (não se preocupe, o perfume não faz mal).

CÁLCIO (Ca)

O QUE FAZ? Regula funções metabólicas, deixa o solo fofo e menos ácido e ajuda na decomposição de restos orgânicos. Plantas de sol precisam de mais cálcio que as de sombra e umidade.

FONTES: Giz, casca de ovo, pó de concha e calcário (o calcário dolomítico tem ainda magnésio, então é dois em um!).

ENXOFRE (S)

O QUE FAZ? Melhora as sementes, evita ácaros e, em parceria com o nitrogênio, atua no metabolismo.

FONTES: Sulfa (remédio pra machucados vendido em farmácias), sulfatos e superfosfatos, pó de rocha vulcânica (estes últimos encontrados em casas agrícolas).

MAGNÉSIO (Mg)

O QUE FAZ? Participa da construção da clorofila e de muitas enzimas.

FONTES: Magnésia bisurada (encontre na #farmácia!), calcário dolomítico (que também tem cálcio) e sulfato de magnésio (estes dois últimos encontrados em casas agrícolas).

MICRONUTRIENTES DE QUE A PLANTA PRECISA UM NADICA DE NADA

CLORO (Cl)

O QUE FAZ? "Desmonta" a molécula de água, permitindo seu aproveitamento pela seiva, e ajuda no crescimento das folhas e das raízes.

FONTES: Água tratada e "chuva ácida" (aquela que, nas grandes cidades, arrasta pra terra uma porção de poluentes...).

COBRE (Cu)

O QUE FAZ? Previne doenças fúngicas e atua na respiração, na fotossíntese e na produção de enzimas.

FONTES: Fios de cobre (de instalações elétricas) e sulfato de cobre (encontrado em bons garden centers).

FERRO (Fe)

O QUE FAZ? Dá cor aos frutos e age na composição da clorofila e de várias enzimas.

FONTES: Pregos (sim, aqueles da caixa de ferramentas mesmo!) e sulfato de ferro (que você encontra em casas agrícolas).

MANGANÊS (Mn)

O QUE FAZ? Participa da quebra da molécula de água, da construção de enzimas e da composição de pedacinhos muito especiais da célula que produzem energia nas folhas.

FONTE: Sulfato de manganês, que, só pelo nome, já dá pra imaginar que não se acha facilmente, só em lojas agropecuárias...

MOLIBDÊNIO (Mo)

O QUE FAZ? Participa da produção de hormônios e enzimas, e, em parceria com o cobalto, ajuda a manter o nitrogênio no solo.

FONTE: Molibdato de sódio (que nominho, afemaria...), que pode ser encontrado em casas agrícolas. Nos solos ácidos, acrescentar cal virgem ajuda na absorção de molibdênio pelas raízes.

NÍQUEL (Ni)

O QUE FAZ? Quebra a molécula de ureia e é importante pra que as plantas leguminosas consigam fazer a mágica de fixar nitrogênio no solo usando suas raízes.

FONTE: Moeda! Ainda bem que as raízes precisam de quantidades quase insignificantes de níquel na vida, senão estaríamos lascados!

SILÍCIO (Si)

O QUE FAZ? Dá rigidez aos caules, protege a planta de doenças fúngicas, diminui a transpiração das folhas e age "desmontando" a molécula da água, como o cloro.

FONTES: Folhas de gramíneas em geral, como arroz e milho, e cavalinha, a mais famosa fonte de silício do mundo vegetal.

SÓDIO (Na)

O QUE FAZ? Evita que a planta murche na seca e age de maneira muito parecida com o potássio.

FONTE: Sal de cozinha! Muitos produtores usam sal grosso como um substituto barato à adubação com potássio.

ZINCO (Zn)

O QUE FAZ? Participa do processo de produção da clorofila e da formação das enzimas; é um nutriente importante em particular pras jabuticabeiras.

FONTES: Você pode encontrar produtos à base de óxido ou sulfato de zinco em casas agrícolas.

NUTRIENTES QUE AINDA ESTÃO EM ESTUDO

As pesquisas botânicas vão se aperfeiçoando com o tempo, e novos elementos aparecem pra se somar às pecinhas de Lego que surgiram antes.

É o caso de

IODO (I),

COBALTO (Co),

SELÊNIO (Se),

TUNGSTÊNIO (W),

VANÁDIO (V)

e até mesmo

ALUMÍNIO (Al),

que é tóxico pra muitas espécies, mas importante pras plantas do cerrado.

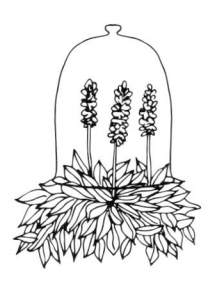

ESCOLHENDO O VASO PERFEITO

Já te digo assim, pá-pum, que não existe vaso perfeito. Nada é mais incrível que plantar no chão — e mesmo isso tem lá suas contraindicações. Então, muito melhor do que começar essa cruzada pelo vaso dos sonhos é entender o que cada material pode proporcionar de bom ou ruim, bater essas informações com a dona planta (afinal, é ela quem vai morar ali), respirar fundo e... escolher!

	PELO LADO BOM...	MAS VALE REFLETIR
DE BARRO	Rústico, barato, em vários modelos e tamanhos, facílimo de achar, dá um ar de casa no campo pra qualquer jardim.	É pesado, quebra fácil e, por ser poroso, "rouba" a água do substrato, exigindo mais regas.
ESMALTADO	Durável, não é poroso e vem em grande variedade de cores, tamanhos e desenhos; dá um acabamento mais fino e aquele up na decoração.	Pode quebrar ou trincar, além de pesar no chão e no bolso.
DE PLÁSTICO	Econômico, pode ser simples ou high-tech, com fundo falso pra armazenar água; vem em muitas cores e formas.	Deixa o substrato úmido por muito mais tempo, desbota e craquela se ficar muitos anos no sol forte.
DE CONCRETO	Está na moda, é econômico, resistente e fácil de fazer (basta misturar cimento e água e usar uma vasilha plástica de molde).	É bem pesado (alô, quem mora em apê: atenção ao peso na laje!).
DE PAPEL	Usado em tubetes pra mudas, é enterrado junto com plantas de raízes delicadas, pra ir se dissolvendo no solo.	Desmancha na umidade e não pode ser usado nem como cachepô.

	PELO LADO BOM...	MAS VALE REFLETIR
DE FELTRO	Feito de plástico PET, tem sido cada vez mais usado em jardins e painéis verticais; é leve e poroso.	Nem todas as espécies crescem bem nesse material, que ainda é caro e difícil de achar.
DE FIBRA DE COCO	Arejado e ecológico, dá vida nova às cascas do coco.	Apodrece depois de uns anos e tem tanino na composição, substância que inibe o enraizamento de avencas, orquídeas e samambaias.
DE PALHA DE PALMEIRA	Rústico, muito leve e poroso, é feito com a palha do palmito-juçara, que não tem tanino.	Por ser novidade, ainda é difícil de encontrar; vem em poucos tamanhos e formatos.
DE VIDRO	Bonito e elegante, por ser transparente permite observar o estado das raízes.	Quebra com facilidade, mantém umidade em excesso e não aguenta muito peso.
GARRAFA PET	Dá novo uso a um material baratíssimo, que iria pro lixo; tem transparência e opções de tamanho.	Abafa as raízes, não funciona pra qualquer tipo de planta, deixa o jardim com cara de escolinha. #prontofalei
XAXIM	Muito leve, permite o enraizamento e oferece nutrientes pras plantas; é o sonho das espécies que crescem em árvores.	Por ser feito do caule de uma samambaiaçu que nasce espontaneamente, sua coleta quase extinguiu a planta; hoje seu comércio é proibido.
DE METAL	Pode ter acabamentos muito variados, do chique ao rústico, dependendo do modelo e do material (cobre, latão, zinco, alumínio...).	Alguns metais se tornam tóxicos pras raízes, outros ficam opacos, esverdeados ou descamam por causa da umidade.
DE BAMBU	É leve, natural e ecológico; pode ser rústico, riponga ou moderninho, de acordo com o modelo.	Se não tiver sido bem-feito, pega broca, cupim e caruncho; alguns racham com a umidade.
DE PEDRA	Rústico, robusto e atemporal, leva o charme do mediterrâneo pra sua casa em segundos!	É suuuuperpesado, difícil de achar, junta limo e às vezes pode ser bem caro.

DÁ PRA PLANTAR EM TUDO!

De tanto ler e ouvir falar em **cachepô**, muita gente logo mentaliza um vaso. Epa! Nãnãninãnocas. Cachepô não é vaso, não. Essa palavrinha que vem do francês *cachepot* significa justamente aquilo que "esconde o vaso", daí ser de algum material mais bacanudo, como louça, vidro, madeira e outros acabamentos nobres.

É justamente porque NÃO se planta DIRETO no cachepô que ele raramente é furado — afinal, ele foi feito pra esconder o vaso verdadeiro. Este, sim, tem furos de drenagem, neah? Então, cada um no seu quadrado. Pode usar o cachepô, desde que tenha um vaso dentro dele: na hora de regar, tire o vaso do cachepô, molhe, escorra bem e coloque de volta quando não estiver mais saindo água por baixo.

O mais legal é que muita coisa pode ser transformada em cachepô. Dá pra fazer capinhas de jeans, tricô ou crochê. Você pode envolver um vaso sem graça em cordas ou barbantes coloridos. Latas, panelas, xícaras, garrafas PET, potes de vidro, caixinhas tipo longa vida… quase tudo o que existe numa cozinha vira cachepô — até mesmo o liquidificador velho ou o filtro de barro rachado.

Todas essas coisas também podem servir como vaso, se der pra fazer furos embaixo. Facilita muito a vida deixar que a água escoe naturalmente, além de ser uma preocupação a menos pro jardineiro iniciante.

Agora, se você já é expert em jardinagem, se tem o olho bem treinado pra não deixar a água das regas empoçar, tá liberado pra cultivar plantinhas diretamente no cachepô. Eu admito: não tem nada mais fofo do que um arranjinho de suculentas crescendo numa xícara antiguinha… (mas, se você bobear e esquecer de tombar a xícara ao final de cada rega, as coitadas das plantas vão apodrecer!).

Vários materiais podem virar cachepôs.

AI, SOCORRO,
TÔ COM MEDO DE MUDAR DE VASO!

Mudar nem sempre é bom, mas, se for do vasinho micro pro vasão bapho, é certeza que sua planta vai agradecer. Essa operação delicada se chama "transplante", e, apesar do nome médico, seu "paciente" não precisa terminar na UTI. Se você for ligeiro, escolher um dia fresco e regar depois, a operação será um sucesso. Nas próximas páginas, mostro essa "cirurgia" passo a passo, fica tranquilo.

Transplantar é útil em muitos momentos. Dá espaço pra planta que estava com as raízes espremidas, renova o substrato daquela orquídea há anos sem flor, permite que a gente reposicione um arbusto alto que vive caindo ou salve aquela planta que o vento derrubou.

Deu errado? Tem certeza CERTEEEEZA? Porque mudar de casa é sempre desgastante — até pra gente! Ainda que a planta não precise desempacotar todos os talheres nem pregar os quadros na parede da casa nova, isso não significa que não vai ter a maior trabalheira pra se adaptar ao novo lar. Ô, se vai!

Pra começo de conversa, a terra que ela tinha antes estava toda quente, os bichinhos do solo já eram velhos conhecidos, as condições de luz estavam mais do que manjadas. Daí a gente arranca a mocinha dali, bagunça as raízes, quebra galhos, passa pro vaso novo, coloca substrato gelado e ainda quer que ela vá dormir sorrindo?

Vou te contar, planta não sabe que a gente está desenterrando ela pro bem, pra uma coisa boa. Ela aprendeu com a mãe e a avó que desenterrar é algo ruim. Plantas não são desenterradas naturalmente — bem, até são, por animais, por ventanias, por tempestades, mas quando isso acontece elas geralmente morrem.

Tô falando isso pra você entender esse troço de vaso novo sob a ótica da planta. E, aos olhos dela, o que vem à mente é "euvoumorreeeer". (Plantas são tão dramáticas...)

Aqui vão alguns truques pra fazer a mudança sem dramas vegetais.

O VASO MUDA;
O NORTE, NÃO

Antes do transplante, coloque um pedacinho de fita-crepe no lado da planta que está virado pro Norte. (Quedê a bússola do celular? Vai lá e abre o app, certeza que tem no seu smartphone!) Quando terminar o transplante, deixe o lado que estava pro Norte, aquele com a fita-crepe, igualquenem estava. Vai ser MUITO mais fácil pra moradora se adaptar à casa nova, tijuro.

NAS HORAS
MAIS FRESCAS DO DIA

Durante a mudança de vaso, a planta se estressa e perde muita água, ressecando rapidamente. Então, prefira fazer o transplante nos dias nublados, de manhã cedo ou à tardinha, quando o sol já se pôs. Melhor ainda se for no fim de semana, assim você pode acompanhar seu jardim com calma.

VIXE, QUEBROU A RAIZ!

Acidentes acontecem também na vida selvagem: raios quebram galhos, enxurradas estragam raízes, animais detonam folhas, flores e frutos. Se algo ocorrer enquanto você mudava cuidadosamente sua planta de vaso, respire fundo, peça desculpas pra moça e siga em frente. Planta saudável logo se recupera e produz novas raízes, folhas e flores…

DÊ UM BANHO NO FINAL

Acabou o transplante? Regue o vaso ou o canteiro em abundância, garantindo que cada centímetro da planta seja hidratado. Isso vai ajudar na adaptação das raízes à casa nova. Ao longo dos próximos dias, confira de perto as folhas e se o substrato está úmido (nunca encharcado, só um pouco úmido na superfície). Folhas murchas são o primeiro sinal de que falta água.

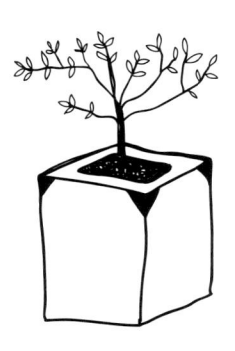

Plantio profissa
passo a passo

Se prepare
pra ficar craque
no plantio!

INGREDIENTES

PARA A "MASSA"

1 vaso ou jardineira com furos embaixo (proporcional ao torrão
de raízes da planta)

isopor picadinho (pedras ou argila expandida também servem)

folhas de jornal (ou manta de drenagem, se preferir)

substrato adubado pra planta escolhida

planta preferida quanto baste (sim, pode colocar mais de uma
se o vaso for grande; escolhi um abacaxi-roxo)

PARA A "COBERTURA"

camada de 6 cm de palhinha (aparas de grama, casca de pínus, bagaço
de cana ou qualquer outro resíduo vegetal abundante; aqui, usei palha
de arroz carbonizada)

plaquinha de identificação com o nome da moradora (opcional)

água a gosto (da planta, claro!)

Rendimento:
muita autoestima! =)

Validade:
meses de alegria
garantida

VASO

JORNAL

PALHINHAS

SUBSTRATO

ISOPOR

ingredientes

MODO DE FAZER

1. Pegue o vaso ou a jardineira e coloque um pouco de isopor picado (vale até daquelas bandejinhas!) pra criar uma camada de drenagem. Se o recipiente for pequeno, faça essa camada com uns dois dedos de espessura; pra um vaso com mais de 40 cm de altura, duplique a espessura. Cuidado pro isopor não vedar totalmente os furos do fundo do vaso.

2. Coloque algumas folhas de jornal por cima da camada de isopor, pra impedir que as raízes a alcancem.

3. Encha um terço do espaço que sobrou com o substrato ideal pra planta escolhida e reserve.

4. Pegue a planta escolhida e pressione levemente as bordas do vaso em que ela veio pra que as raízes saiam num torrão firme, sem derrubar terra pra todos os lados. Segure o caule perto da terra e puxe suavemente, retirando o torrão o mais intacto que der (se ele estiver seco, será mais fácil).

5. Coloque o torrão no vaso e preencha as laterais com mais substrato. Não deixe que a planta fique nem muito abaixo nem acima da borda. O ideal é que o ponto onde as raízes e o caule se encontram fique alguns dedos abaixo da borda do vaso, pra cobertura caber.

6. Pressione levemente o substrato ao redor do caule, deixando a planta firme. Se preciso, acrescente mais substrato.

7. Agora, sim, adicione a cobertura de palhinha, enchendo até um dedo abaixo da borda do vaso. Essa camada vai ficar mais baixa ao longo dos dias e das regas, e o ideal é completar quando estiver muito ralinha. Se preferir, coloque uma placa de identificação com o nome da planta e a data do plantio. Assim, você vai saber quando precisará adubá-la novamente.

8. Regue devagar, mas em abundância, até sair bastante água pelos furos de drenagem. Mantenha em local arejado e sem sol nos primeiros dias, depois, "sirva" no local definitivo.

Vasos escuros valorizam folhagens claras.

Abacaxi-roxo.

Tradescantia spathacea.

VOCÊ JÁ TEM QUASE TUDO, SABIA?

Ahá! Ficou animadinho pra sair semeando o verde por aí, hein? Dá pra sentir sua empolgação, juro, mas calma lá, não precisa sair correndo pro garden center. Dá só uma olhada no tandicoisa de jardinagem que você JÁ TEM e nem suspeitava:

TALHERES VELHOS: pra que comprar pazinhas de jardinagem minúsculas se você tem colher torta e faca cega em casa? É só deixar esse material separado dos talheres que usa pra comer.

TESOURA COMUM: use pra colher ervas e cortar galhos fininhos. Esterilize a lâmina quando trabalhar em plantas doentes passando a tesoura na chama do fogão por três segundos.

MEIA-CALÇA RASGADA: quanto mais furada, melhor! A meia-calça segura o substrato e ajuda na fixação das orquídeas plantadas em árvores.

LATAS E POTES PLÁSTICOS: com furos embaixo, viram berçários pra mudinhas. Ou use-os pra guardar sementes e organizar ferramentas.

PALITOS DE CHURRASCO: servem pra dar suporte a plantas frágeis. Gosta de comida japonesa? Hashi também vale! Palitos de sorvete podem ser usados como plaquinhas de identificação.

JORNAL E PAPELÃO: bons pra separar o substrato da camada de drenagem, mantendo as raízes longe do excesso de água. Depois de um tempo, o papel se decompõe na terra.

BANDEJA DE ISOPOR: picada, substitui a argila expandida ou as pedrinhas na camada de drenagem dos vasos. Inteira, servem como semeadeira pra mudas.

PRÓPOLIS: pingue umas gotas desse fungicida e bactericida natural ao fazer podas. Prefira o extrato puro ao spray, diluído (os dois são encontrados em farmácias).

CANELA EM PÓ: também tem ação fungicida e estimula de um jeito milagroso a floração das orquídeas *Phalaenopsis*. Polvilhe um pouco no substrato e regue por cima.

ROLHA: outro substituto da brita e da argila expandida na camada de drenagem dos vasos. Em arranjos montados em cachepôs de vidro, rende um efeito interessante.

ARAMINHO DE PACOTE DE PÃO DE FÔRMA: ajuda a prender flores e caules frágeis a um tutor qualquer. Tenha sempre um potinho cheio deles!

MEIA-CALÇA

PALITOS

ROLHAS

ARAMINHOS

PRÓPOLIS

TALHERES VELHOS

CANELA

JORNAL

PULVERIZADOR DE PRESSÃO ACUMULADA

ÓLEO DE NEEM

TESOURA DE PODA

60

MONTANDO UM KIT BÁSICO DE JARDINAGEM

Depois de fazer uma pequena expedição em casa, buscando objetos que possam ganhar novos usos na jardinagem, você provavelmente vai se dar conta de que não tem *tudo*. Acontece. Aqui vão bons investimentos pra começar os plantios — não precisa comprar a parafernalha toda de uma vez, vá aumentando seu acervo de insumos e ferramentas aos poucos.

TESOURA DE PODA: todos os modelos têm duas lâminas curvas: uma segura, a outra poda. Qual é o melhor? O que não pesa nem no bol$o nem na mão. Manuseie a ferramenta, tente destravá-la só com um dedo, sinta sua empunhadura. O que faz uma boa tesoura é a precisão. Modelos anatômicos são bons pra mãos pequenas.

PULVERIZADOR DE PRESSÃO ACUMULADA: com um reservatório de até dois litros, tem bico regulável e é feito de plástico duro. Um pino na parte superior permite que o ar seja bombeado, fazendo pressão, e quando o gatilho é acionado o jato de água se mantém estável um tempão. Bom pra adubar ou passar remédio (tenha um pra cada).

SUBSTRATO PRA MUDAS: é vendido até em supermercados, em embalagens de um, cinco ou vinte quilos (se tiver espaço em casa, prefira o saco grande, mais em conta). Mantenha o substrato fechado e na sombra. Cada marca tem composições de nutrientes ligeiramente diferentes, então teste até descobrir sua preferida.

MANGUEIRA TRANÇADA: quem tem jardim ou muitos vasos sabe que regador não dá conta. Eu reutilizo a água do banho, mas, mesmo assim, preciso completar as regas com o esguicho. Uso um modelo trançado de vinte metros: custa mais caro que uma mangueira comum, mas dura mais, porque a trama interna torna a borracha resistente a torções.

PISTOLA DE ADUBAÇÃO: escolha um modelo de engate rápido na mangueira e que tenha múltiplas saídas de água, assim dá pra molhar com jato forte, chuveirinho médio ou que nem uma garoa fininha. As pistolas mais legais têm uma entrada especial pra adubação: basta rosquear nela uma garrafa PET com o adubo que a comida da planta já sai diluída.

ÓLEO DE NEEM (PRONUNCIA-SE NÍN): extraído de uma árvore, tem cheiro de fritura velha e ação inseticida. Não faz mal pra plantas, pra gente ou pra maioria dos animais, embora seja tóxico pra peixes e mortal pros insetos. Prefira o óleo puro ao diluído, assim você pode usar mais ou menos concentrado de acordo com a praga. Não exagere, porque ele também mata insetos amigos…

ALFACE

MORANGO

COMO FAZER AS SEMENTES BROTAREM

Um serzinho frágil, indefeso, que ainda não desenvolveu todos os recursos pra se virar por conta própria. Parece a descrição de um nenê? Pois é assim que são as sementes: bebês de plantas. Ao contrário de nós, humanos, que dependemos dos pais por muitos anos, uma semente consegue se tornar independente em poucos dias. Bem, isso se a gente oferecer pra ela tudo de que vai precisar pra crescer. Aqui vão alguns truques iniciais:

SEMEIE NA ÉPOCA CERTA

Sementes podem ser pequenas, mas não são bobas. Mesmo a menor das alfaces sabe quando é verão, e nenhuma tecnologia no mundo vai fazer o arroz germinar sem chuva. Antes de começar, pesquise a época e o clima ideais pra semear suas plantinhas e evite dores de cabeça com sementes que se negam a brotar.

VAI UMA MANICURE ANTES?

Algumas sementes são tão duras que devem ser lixadas ou aquecidas pra brotar, caso do flamboyant e de muitas gramíneas, por exemplo. Os botânicos chamam isso de "escarificação". Na natureza, é o ácido no estômago dos bichos que escarifica a semente: ela sai no meio do esterco já lixada, quentinha e adubada!

DÊ UM BANHO PRA ACORDAR

"Pelotinhas" duras e secas como as sementes de beterraba, grão-de-bico e tantas outras costumam brotar mais rápido se você as deixar de molho em água de um dia pro outro. Quando hidratadas, essas sementes saem do sono profundo e se tocam de que está na hora de produzir perninhas, digo, raizinhas.

NÃO ENTERRE FUNDO DEMAIS

Muitas semeadeiras não dão certo porque as sementes foram enterradas fundo demais e apodrecem antes de germinar. Como a mudinha ainda é frágil, não tem força pra empurrar o tantão de terra em cima dela pra encontrar a luz. Use o tamanho da semente como medida pra quantidade de substrato que vai por cima.

FEIJÃO-BRANCO

BETERRABA

SALSINHA

berçário de sementes

Tem planta que deve ser semeada em local definitivo, como cenoura,
mas quase todas vão melhor se crescerem primeiro num berçário.
Ao manter as mudas em semeadeiras ou bandejas rasas, dá pra controlar
melhor a umidade e só passar pro local definitivo as mais saudáveis —
dica boa pra quem tem pouco espaço. Faça assim:

INGREDIENTES

1 semeadeira ou bandeja de ovos ou de isopor
(as mais fundas são melhores)

1 punhado de areia

1 punhado de substrato pra mudas

palito de churrasco

sementes quanto baste; usei as de rabanetes

borrifador

água suficiente

filme plástico

1 garfo comum

MODO DE FAZER

1. Faça uma camada bem fina de areia no fundo da semeadeira.

2. Encha até quase a borda com substrato pra mudas.

3. Se estiver usando uma bandeja de isopor, utilize um palito, divida
   a bandeja superficialmente em quadrados de mais ou menos 4 cm
   (ou proporcionais ao tamanho da semente escolhida).

4. Se for usar sementes grandes, que dá pra pegar com os dedos, coloque
   uma em cada quadrado. Já sementes que parecem um pozinho podem
   ser despejadas em trios com a ajuda de um papel dobrado ao meio
   (vá batendo o dedo delicadamente pras sementes descerem pelo vinco).

Rendimento:
6 mudas felizes

Validade:
dependendo do que
você plantar (mais ou
menos 1 mês) O.K.,
talvez você tenha de
podar

64

MODO DE FAZER *(continuação)*

5. Cubra as sementes com uma pitadinha de substrato. É sério, tem de ser muuuuito pouco, como se você estivesse colocando sal na comida.

6. Borrife a terra suavemente, só pra mantê-la úmida, sem encharcar.

7. Cubra a bandeja com filme plástico (desses de cozinha mesmo) e faça furinhos pro ar entrar.

8. Mantenha o berçário em local protegido de frio e vento, onde não bata sol direto, mas tenha muita claridade natural.

9. Quando as mudinhas começarem a produzir folhas, vá abrindo o plástico aos poucos, borrifando a terra pra ficar sempre úmida.

10. Assim que os bebês tiverem de três a quatro pares de folhas, já podem ser transferidos pro vaso ou canteiro.

MUDA, A PLANTA QUE ENTROU NA ADOLESCÊNCIA

Enquanto estão no berçário, as plantas são previsíveis. Tomam banho, comem, brincam no sol. À medida que vamos abrindo o filme plástico que as protege do mundo exterior, acabou o sossego, e em vinte dias elas já estão tão grandes que caem da bandejinha.

Bem-vindo à adolescência das plantas. Pois é, elas ainda são jovens e frágeis, mas querem independência, curtir a vida lá fora e tomar um ar. Precisam de espaço, comem muito, dobram de tamanho superdepressa. Não dá pra adiar mais o transplante.

Aqui, você tem duas saídas. Uma é simplesmente passar as mudas pro vaso ou canteiro definitivo que citei na p. 54. É rápido e funciona bem com espécies nativas, mais rústicas e já adaptadas ao clima da cidade.

No entanto, pode ser que você queira cultivar alguma planta dificinha, mais exigente quanto a umidade ou tipo de solo. Talvez queira plantar tomates, que são bem suscetíveis a pragas e doenças. Nesses casos, há uma dica ninja que pode ajudar: a muda alta.

Em vez de passar as plantinhas bebês direto pro local definitivo, primeiro você as transfere pra vasos ou saquinhos de uns quinze centímetros. Cuide delas nesse lugar temporário por mais vinte dias, mantendo-as em local com sol fraco, e só depois passe pro vaso ou canteiro final. Isso controla melhor pragas e doenças e permite que as plantas se adaptem mais depressa à "casa" nova.

Tem mais uma coisinha que você precisa saber sobre adolescentes: cada espécie tem seu tempo certo até entrar na maturidade. Uma árvore, por exemplo, pode levar até vinte anos pra dar frutos pela primeira vez. Já um pé de alface leva no máximo quatro meses pra estar em ponto de colheita.

Há plantas de ciclo de vida grandão, perene, como árvores e arbustos, e existem espécies que duram pouquinho, de ciclo de vida anual. A maioria dos grãos, dos legumes, das folhas pra salada e das florezinhas tipo margaridas é anual, produzindo sementes o bastante pra garantir as próximas gerações.

Por isso, curta sua adolescente. Comprou muda no supermercado? Já passa pra um lugar maior, dá comidinha, deixa a terra coberta com palhinhas (como mostrei na p. 54). Logo, logo ela estará uma moça e você vai morrer de saudades dos tempos em que era uma sementinha e cabia na palma da sua mão.

Depois de plantar, regue bem.

Mudas altas se adaptam melhor.

PLANTA ADULTA, DONA DO PRÓPRIO NARIZ

Ela só quer namorar! Pois é, ao entrar no auge da maturidade, tudo o que sua planta faz tem um único objetivo: gerar descendentes. Se você bobeou e não colheu a horta antes de florir, agora é uma péssima hora. Cada pezinho de alface, manjericão, cenoura e outras plantinhas anuais está com foco total em produzir flores. É por isso que as folhas perdem o perfume, ficando leitosas ou amargas: pra que os nutrientes não sejam desperdiçados e a florada seja deliciosa pra abelhas, passarinhos e morcegos.

Nas plantas de vida longa, surgem logo depois os frutos, que podem ou não ser comestíveis. As orquídeas estão a pleno vapor se enfeitando de cores, as roseiras se perfumam, cada moça lança mão de um ou mais atributos pra atrair os polinizadores e garantir que suas preciosas sementes germinem e gerem filhos, netos, bisnetos por este mundão.

Não é porque ficou adulta que sua planta dispensa cuidados. Nānāninānocas.

Adulta não significa grande. Pense nos bonsais.

OLHA O TANDICOISABOA QUE VOCÊ AINDA CONSEGUE FAZER POR ELA:

1. Podar regularmente os galhos feios, secos, doentes e malformados.
2. Melhorar a circulação do ar entre a folhagem cortando ramos extras.
3. Retirar brotações surgidas diretamente do solo e da parte inferior do tronco principal (chamadas de "brotos ladrões").
4. Renovar todo mês a cobertura de palhinha (corre lá na p. 54 pra rever o que é isso).
5. Colher quando tudo estiver lindo e no auge, senão os bichos comerão!
6. Cortar ponteiras de galhos de plantas lenhosas pra fazer mudas, espetando-as no substrato (use ramas saudáveis de uns quinze centímetros, cortadas na diagonal).
7. Manter o substrato na umidade preferida de cada espécie: em alguns casos, você vai ter de esperar que a superfície da terra seque antes de regar (o truque de rega tá explicadinho lá na p. 31).
8. Fiscalizar as folhas regularmente, frente e verso, pra ser mais rápido que as pragas.
9. Adubar suas plantas pelo menos uma vez por mês (detalhes na p. 41).

NO FIM DA VIDA TEM MAIS VIDA!

A gente aprende na escola assim: a planta nasce, cresce, produz folhas, flores e frutos e depois morre. Suas sementes germinam, dando início a um novo ciclo. Do zero. Epa. Do zero? Esquece isso. Deixa nas memórias de infância, com o feijãozinho no algodão, tá?

Nada na natureza morreprontoacabô. Nada começa do zero. Pegue o feijão como exemplo. Quando a folhagem seca, as raízes CONTINUAM a fixar nitrogênio no solo. #chocante Se você cortar o pé de feijão inteiro e deixar a palha secando na terra, essa fibra vai atrair um monte de micro-organismos amigos, criando um ambiente perfeito pra outras plantas crescerem. Ué, mas não tinha morrido tudo? Viu só?

E o que dizer das árvores? Quantas vezes a gente não vê toco cortado rente ao chão voltar a dar folhas? Uma árvore seca, pelada, pode ser suporte pra bromélias, samambaias, orquídeas, musgos, liquens, trepadeiras e outras maravilhas (fora passarinhos, insetos, esquilos, saguis…). Era pra ser uma árvore morta, mas tudo ali tá vivo.

Dá pra prolongar esse finzinho de vida nas plantas idosas. Além de seguir com a manutenção básica, é bom podar, pra renovar a folhagem. Vale desmembrar touceiras gigantes, que sufocam as raízes, e transformá-las em mudas menores, com mais espaço (dica boa pro capim-limão, viu?). Orquídeas pedem transplante a cada quatro, cinco anos, mas tem um capítulo só sobre elas a partir da p. 228.

Depois de um tempo, a planta não vai nem com reza brava. Tem quem dê talhos no tronco das frutíferas pra tirar uma última safra, mas acho isso uma tristeza, só deixa a árvore mais exposta a pragas e doenças. As coisas têm seu tempo, e uma mangueira que já produziu bastante uma hora merece descansar.

Mas não pense que sua planta morreu. Ela se transformou num suporte pra um bilhão de outras vidas brilharem. Cada peça de Lego que puder ser transformada em nutrientes vai ser desmontada, picada em minúsculas partes até tomar seu rumo e ir parar em outras raízes. Palha, lenha, folhas secas, frutos podres, tudo vai pra sopa que alimenta plantas (aquela da p. 40). A luz apaga aqui, mas acende em mil outros lugares, num ciclo fechado e infinito. Taí o maior ensinamento do jardim: sempre devolver à terra aquilo que se pegou emprestado dela. S2

XI, DEU RUIM NO JARDIM...

"Ah, isso é uma virose." Quem nunca ficou pê da vida ao ouvir a resposta mais famosa dos médicos? Parece que TUUUUUDO se resume a essas seis letrinhas, da febre à diarreia, da enxaqueca às pintinhas na pele. Não tenho médicos na família, mas, depois de tantos anos lidando com plantas, preciso sair em defesa deles: é tanta variável, mas tanta, que muitas vezes a gente consegue resolver o problema antes de saber o que o causou. Tijuro.

Agora, pensa assim: a pessoa que está num trabalho desgastante, que tem um chefe difícil ou precisa estudar pra uma prova complicadíssima tem mais probabilidade de ficar doente, certo? Talvez surja uma gastrite, uma dorzinha de cabeça, pode até ser que ela pegue um resfriado atrás do outro. É mudar de ares, o chefe ser transferido ou acabar a semana de provas pra tudo sumir, como que por encanto.

Acontece o mesmo com as plantas. Se o vaso está num lugar com mais ou menos luz do que a espécie precisa, se recebe mais ou menos água do que gostaria, se você nunca adubou, é ba-ta-ta: mais cedo ou mais tarde, a planta vai ficar doente.

Não vou falar que é virose, não. Vou mapear aqui as causas mais prováveis pra você ser o médico e o enfermeiro do seu jardim. Então, antes de sair por aí mudando vaso de lugar ou borrifando qualquer coisa nas suas plantas, tenta seguir o passo a passo que vou propor aqui. Promete? Com a mão direita no coração? Porque, ó, planta doente já está fragilizada, então nada a ver passar remédios e receita caseira e mudar de lugar e aumentar rega e isso e aquilo… tudojuntomisturado. Arre! Uma coisa por vez, o.k.? Com calma, pra não piorar a situação.

Comece seguindo este roteiro básico.

PRIMEIROS SOCORROS

1. Passe a planta pra um vaso maior, com substrato pra mudas já adubado, e cubra o solo de palhinhas (siga o passo a passo da p. 54).

2. Altere a quantidade de luz aos poucos, colocando o vaso cada vez mais perto do sol (se as folhas estiverem muito escuras) ou da sombra (se a folhagem parecer pálida).

3. Regue em abundância no dia em que mudar de vaso, até sair bastante água pelos furinhos de drenagem. Só regue novamente quando tocar a terra e sentir que está seca (corre pra regrinha do dedômetro, na p. 31).

4. Espere. Observe de pertinho. Acompanhe por alguns dias pra ver se o problema diminuiu ou se os sintomas se intensificaram.

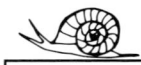

GUIA RÁPIDO PRA DESCOBRIR PROBLEMAS
DOENÇAS, PRAGAS E SINAIS DE DEFICIÊNCIAS
DE ADUBAÇÃO MAIS COMUNS

FOLHAS COM MANCHAS ESCURAS COM BORDAS AMARELAS:
doença fúngica

FOLHAS MAIS VELHAS SECAM E CAEM:
falta de nitrogênio, fósforo, potássio ou magnésio

veja foto 1

FOLHAS AMARELADAS COM NERVURAS VERDES:
falta de macronutrientes

FOLHAS ESBRANQUIÇADAS:
excesso de sol, falta de ferro

veja foto 2

FOLHAS COM MANCHAS "ENFERRUJADAS":
ácaros ou ferrugem, falta de boro e cobre

FOLHAS VERDES, MAS COM GRANDES ÁREAS SECAS:
queimadura de sol

veja foto 3

FOLHAS AMARELAM DO DIA PRA NOITE:
intoxicação por adubo, remédios ou mata-mato

BROTOS E FOLHAS NOVAS AMARELAM:
falta de boro, cálcio ou micronutrientes

veja foto 4

FOLHAS TORCIDAS, ENCRESPADAS OU DEFEITUOSAS:
ácaros, falta de zinco, enxofre ou molibdênio

FOLHAS ARROXEADAS OU ESCURAS:
falta fósforo ou cobre

PINTAS AMARELADAS NAS FOLHAS:
pulgões ou cochonilhas (ou ambos!)

PINTINHAS PRETAS NAS FOLHAS E PÉTALAS:
excesso de água, virose, doenças em geral

veja foto 5

"BOLOR BRANCO" EM FOLHAS E CAULES:
oídio, uma doença fúngica bem comum

MANCHAS ESBRANQUIÇADAS E GRUDENTAS:
cochonilhas, falta de cálcio e excesso de nitrogênio

veja foto 6

FOLHAS MORDIDAS NAS BORDAS:
lesmas, caracóis, lagartas ou formigas-cortadeiras

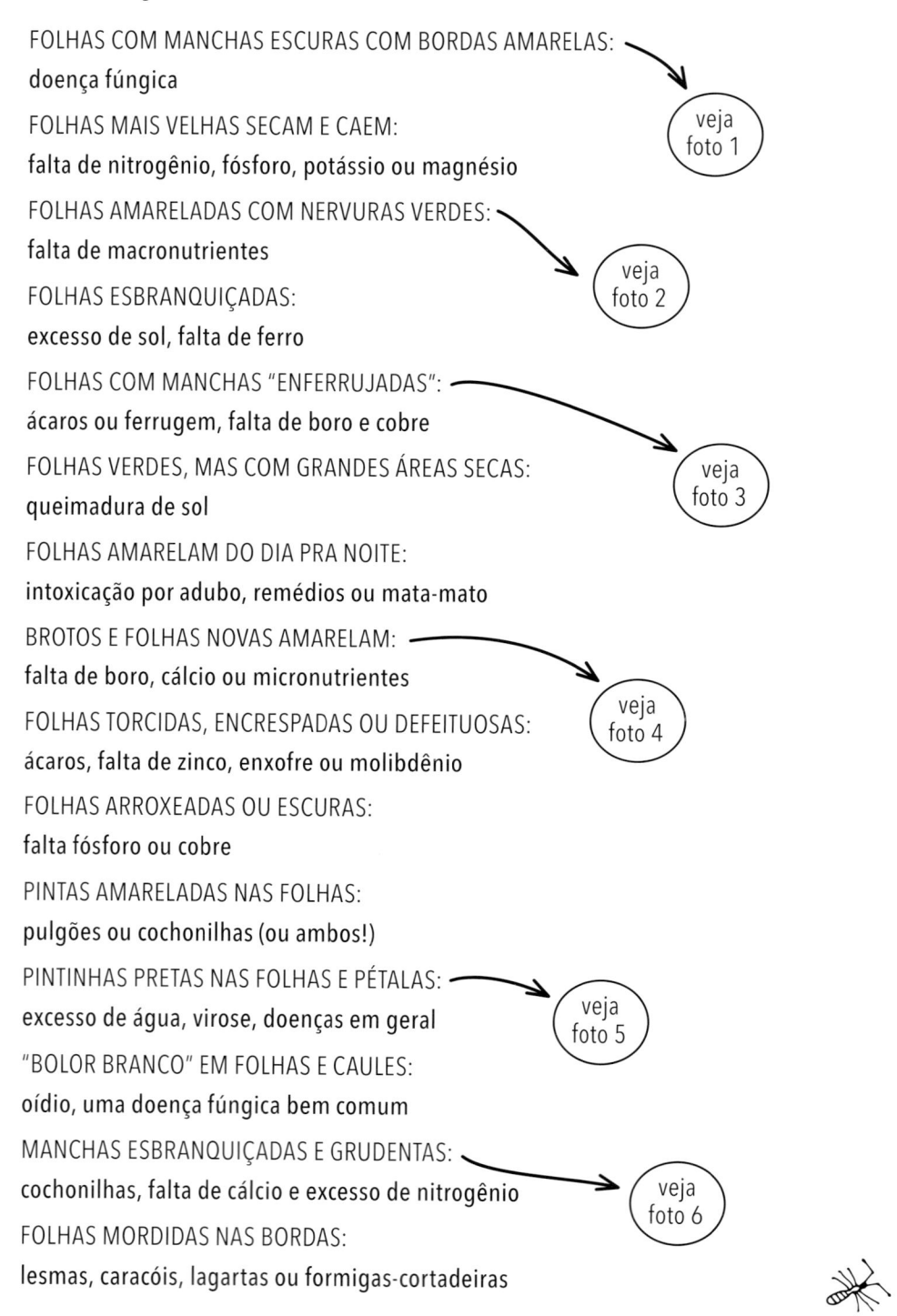

Muitas pintas e manchas sinalizam falta de comida pras plantas.

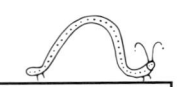

GUIA RÁPIDO PRA DESCOBRIR
PROBLEMAS (continuação)
DOENÇAS, PRAGAS E SINAIS DE DEFICIÊNCIAS
DE ADUBAÇÃO MAIS COMUNS

FOLHAS COM FUROS:
grilos, tesourinhas ou besouros

FOLHAS MURCHAS OU ENRUGADAS:
desidratação, falta de água no ar ou no solo

FOLHAS SECAM A PARTIR DAS PONTAS:
vento excessivo, baixa umidade no ar

FOLHAS E RAÍZES MOLES E COM CHEIRO RUIM:
excesso de água, falta de oxigênio no solo

PLANTA MIRRADA QUE NÃO CRESCE:
falta de nitrogênio e fósforo

PLANTA QUE QUASE NÃO DÁ FLOR:
pouca luz, falta de adubo em geral

GALHOS FRÁGEIS E QUEBRADIÇOS:
falta de boro, cálcio ou potássio

POUCO ENRAIZAMENTO:
falta de boro ou fósforo

FRUTOS CAEM AINDA PEQUENOS:
falta de ferro, cálcio, zinco ou silício

FRUTOS RACHAM NO PÉ:
excesso de nitrogênio

FLOR CAI AINDA EM BOTÃO:
corrente de vento ou mudança brusca de temperatura

SAÚVAS E FORMIGAS-QUEM-QUEM POR TODOS OS LADOS:
falta de molibdênio, solo muito compactado

FORMIGAS PEQUENAS NA PLANTA:
pulgões, falta de cálcio, cobre e potássio

FORMIGAS PEQUENAS SÓ NOS BOTÕES:
não encane (elas querem as gotinhas de açúcar que o botão produz)

MANCHA ESTRELADA, OU PARECENDO ZIGUE-ZAGUE:
larva ou lagarta minadora

Vistorie suas plantas pra identificar pragas e doenças.

PERGUNTE PROS MATINHOS O QUE ESTÁ ERRADO

Inço, matinho, invasora, planta indesejada… coitada da espécie que nasceu onde não devia! Em vez de ficar lutando contra ela, é melhor prestar atenção no que o mato fala. Pra isso, é preciso apurar o ouvido e a vista, porque essas plantinhas sussurram. Quer ver só?

Quando a guanxuma brota bonita na terra, avisa que o solo está supercompactado, com pouca aeração. A mesma planta, quando apresenta flores miudinhas, conta pro jardineiro esperto que, além de solo compactado, também falta cálcio. É só acrescentar matéria orgânica ao solo e botar um tiquim de cálcio que a guanxuma some, sem incomodar mais ninguém.

Percebe como os matinhos podem ser dedos-duros? E muitos ainda protegem as plantas vizinhas — deixe crescer tiririca ao redor de um repolho pra ver como a hortaliça pegará menos pulgões. Então, comece agora sua alfabetização em "matês", a língua do mato amigo.

ESTAS "DEDAM" ERROS NA ADUBAÇÃO

Amendoim-bravo (*Euphorbia heterophylla*) e Mio-mio (*Baccharis coridifolia*) = falta de molibdênio

Ançarinha-branca (*Chenopodium album*) = falta de cobre e excesso de nitrogênio

Azedinha
(*Oxalis corniculata*),
Espetudinha
(*Brachiaria humidicola*)
e Tanchagem
(*Plantago tomentosa*)
= falta de cálcio

Fazendeiro (*Galinsoga parviflora*) = falta de cobre, solo arenoso, pH neutro

Capim-colchão (*Digitaria sanguinalis*) e
Corda-de-viola (*Ipomoea purpurea*)
= falta de potássio

Nabiça
(*Raphanus raphanistrum*)
= falta de boro e
manganês

E MAIS: Capim-colorado
(*Andropogon lateralis*)
= solo que encharca, pobre
em fósforo
Capim-marmelada
(*Brachiaria plantaginea*)
= falta de zinco
Labaça (*Rumex obtusifolius*)
= falta de cobre (uso excessivo
de esterco)

Samambaia-
das-taperas
(*Pteridium aquilinum*)
= excesso de alumínio
e falta de cálcio, solo
ácido (se tiver folhas
grandes, indica solo
fértil; com folhas
pequenas, avisa que
a terra é pobre)

ESTAS REVELAM SOLOS PROBLEMÁTICOS

Tiririca (***Cyperus rotundus***) = solo exposto a sol forte, sem proteção de uma camada

Capim-carrapicho (***Cenchrus echinatus***) = solo extremamente duro

Guanxuma (***Sida rhombifolia***) e *vassourinha* (***Malvastrum coromandelianum***) = solo muito duro entre 8 cm e 25 cm

Grama-missioneira (***Axonopus compressus***) = solo extremamente ácido (pH ao redor de 3,5)

E MAIS: *Artemisia* (***Artemisia verlotorum***) = solo salinizado e alcalino (pH de 7,1 a 8)

Assa-peixe (***Vernonia sp.***) = solo duro abaixo de 4 cm, sujeito a queimadas frequentes

Beldroega (***Portulaca oleracea***) = solo fértil, mas que retém pouca umidade

Mãe-de-sapê (***Solidago chilensis***) = pH ácido, em torno de 4,5

Mandacaru (***Cereus jamacaru***) = solo arenoso com pouca chuva e muita seca

Rabo-de-burro (***Andropogon bicornis***) = solo arenoso com camada impermeável a 80 cm a 100 cm de profundidade, onde a água fica estagnada

Sapê (***Imperata brasiliensis***) = pH muito ácido (em torno de 4) e excesso de alumínio de palha

ESTA INDICA PRAGAS

Cravo-de-defunto
(*Tagetes minuta*)
= indica uma praga
de solo que
ele mesmo mata

ESTAS SÓ FALAM BONITEZAS

Mamona
(*Ricinus communis*)
= melhora solos
pobres, acrescentando
boro e potássio

Dente-de-leão
(*Taraxacum officinale*)
= solo argiloso, fértil
e rico em boro

E MAIS:
Capim-jaraguá
(*Hyparrhenia rufa*)
= solo fértil

TABELÃO DE PROBLEMAS NA ADUBAÇÃO

	QUANDO FALTA...	EM EXCESSO...
NITROGÊNIO (N)	A planta fica mirrada e as folhas mais velhas amarelam.	As folhas ficam grandes, mas flores e sementes não amadurecem. Nos tomateiros, os frutos racham e ficam aguados. Excesso de nitrogênio induz deficiência de cálcio, cobre e cloro.
FÓSFORO (P)	As folhas mais velhas ficam marrons, arroxeadas ou verde muito escuro e a planta atrofia, não enraíza nem dá flor ou fruto.	Os frutos surgem antes da hora, a raiz cresce mais que os brotos; cálcio, zinco, enxofre e ferro não são absorvidos direito.
POTÁSSIO (K)	As folhas velhas ficam amareladas e sem brilho, a planta vive pegando pragas, os caules quebram com qualquer ventinho.	Dificulta que a planta absorva boro, sódio, manganês e magnésio, o que não dá pra sacar a olho nu.
BORO (B)	As raízes ficam curtas, a planta tem poucas brotações; o miolo do nabo e da beterraba apodrece ou fica aguado, o salsão racha e a maçã fica com manchas secas.	Impede que as raízes absorvam molibdênio e potássio do solo.
CÁLCIO (Ca)	Primeiro as folhas mais novas amarelam, depois as pontinhas dos galhos mais altos morrem; no tomateiro, os frutos caem ainda pequenos.	Acaba causando deficiências de boro, ferro, potássio, magnésio e fósforo...
ENXOFRE (S)	A planta amarela todinha, inclusive nas nervuras das folhas, começando nos brotos, depois avançando pras partes mais velhas até secar tudo. Surgem ácaros mil!	É tóxico pra planta, induz deficiência de cálcio e dá #perdatotal...
MAGNÉSIO (Mg)	As folhas mais velhas amarelam, secam e começam a cair.	Dificulta a absorção de potássio pelas raízes.

	QUANDO FALTA...	EM EXCESSO...
CLORO (Cl)	As folhas murcham e ficam cor de bronze ou com pontos pretos (cuidado pra não confundir com doencinhas); é raro que aconteça.	Deixa o nitrogênio do solo tóxico pras raízes!
COBRE (Cu)	As folhas novas ficam escuras, torcidas ou com pintas; as plantas cítricas ficam com a copa pelada!	É tóxico pro solo, impedindo a absorção de nitrogênio pelas raízes; induz deficiências de zinco, ferro, manganês e molibdênio.
FERRO (Fe)	Folhas novas ficam brancas, como se o verde tivesse sido "apagado"; é comum em roseiras e árvores frutíferas e em solos calcários ou muito ácidos.	Dificulta gravemente a absorção de manganês pelas raízes, além de outros micronutrientes.
MANGANÊS (Mn)	A planta precisa de muito mais água que o normal, além de apresentar manchas amarelas nas folhas, tanto jovens quanto velhas.	Prejudica muito a absorção de cálcio e ferro no solo (mas é raro acontecer).
MOLIBDÊNIO (Mo)	As folhas novas nascem torcidas e caem; brócolis e couve-flor definham (mas é raro, já que a planta precisa desse nutriente em quantidades mínimas).	Nunca há excesso de molibdênio no solo.
NÍQUEL (Ni)	As plantas acumulam ureia na ponta das folhas até aparecerem pintas pretas; os grãos de cevada não conseguem germinar.	As raízes têm mais dificuldade de absorver ferro do solo, mas isso é raro.
SILÍCIO (Si)	Retarda ou inibe os frutos, deforma folhas novas, faz as plantas perderem mais água pelas folhas e deixa algumas espécies mais suscetíveis ao vento.	Induz grave deficiência de potássio e dificulta a absorção de ferro, cálcio, magnésio e molibdênio.
SÓDIO (Na)	Atrasa o desenvolvimento, especialmente em plantas bebês e nos cactos e suculentas.	Impede que as raízes absorvam boro do solo e induz deficiências de nutrientes.
ZINCO (Zn)	Folhas nascem enrugadas, o caule fica curto (isso acontece com mais frequência em solos alcalinos).	Torna o fósforo do solo tóxico e induz deficiências de ferro, cálcio, magnésio e manganês.

A GANGUE QUE TIRA
O SONO DO JARDINEIRO

Sempre achei que praga é pior que mentira: corre rápido e, apesar de ter pernas curtas, não morre fácil, não. Quando surge, nunca é no singular, e logo a gente já encontra aquela infestação de pulgões, um monte de lagartas ou só os rastros da destruição, com folhas e flores comidas por toda parte.

Praga desanima até o mais entusiasmado dos jardineiros. Tira o sono. Mas, ó, não precisa ser assim, viu? Porque não é possível que algo tão pequeno seja mais esperto que nós, bípedes sabichões. Ah, eu não vim lá de Piracicaba pra tomar coça de cochonilha, não!

Então, bora dar as mãos pra vencer essas pestinhas e entender como agem, nos antecipando às infestações. Porque praga não tem esse nome à toa, certo? Que vença o mais insistente!

ÁCAROS

Aranhas minúsculas que sugam a seiva das plantas, são facilmente percebidos porque envolvem as folhas novas em teias fininhas. Se escondem no verso da folhagem, protegidos do sol e da nossa fiscalização, e acabam transmitindo doenças fúngicas como a ferrugem. Borrife óleo de neem diluído em água e ponha palha de arroz na cobertura da terra (ela reflete a luz do sol, fazendo com que os ácaros tenham de sair do seu esconderijo).

COCHONILHAS

Podem ter cor bege ou marrom e parecem verruguinhas no caule e nas folhas. Há espécies brancas, cheias de pelos grudentos, semelhantes a algodão-doce; outras são duras e imóveis, tão grandes quanto a ponta de um cotonete. Surgem onde há pouca ventilação e falta de cálcio, por isso inclua esse nutriente na adubação. Vale passar óleo de neem nas folhas ou borrifar o detox que está na p. 96.

CUPINS

Surgem em pastos compactados, sem nutrientes, muito capinados, que sofrem queimadas contínuas. Em resposta a essas agressões, cavam o solo por quilômetros, afofando a terra e trazendo pra superfície muitos nutrientes. Ué, mas isso não é bom? Tá vendo como o conceito de praga é algo relativo? Mantenha o solo repleto de matéria orgânica e protegido por palhinhas, e use o cupinzeiro moído como adubo e fungicida.

FORMIGAS COMUNS

Coloquei aqui no meio das pragas porque sei que é onde você vai procurar, mas é bom dizer que elas não fazem NENHUM mal pras plantas. Pelo contrário: algumas PROTEGEM brotos, inibem a presença de predadores ou sinalizam infestações de pulgões — estes, sim, nocivos. Algumas formiguinhas surgem quando a planta está com botões porque gostam do açúcar que sai das pétalas, mas não causam nenhum dano a elas, pode notar.

SAÚVAS E FORMIGAS-CORTADEIRAS

Usam as folhas pra criar os fungos dos quais se alimentam. Surgem em terra batida, exposta e pobre em molibdênio e podem ser afastadas colocando matéria orgânica no solo. Acabe com saúvas plantando gergelim — as formigas o levam pro ninho, que depois de um tempo morre inteiro. Se atacam uma planta específica, espalhe farinha de osso ou carvão moído em torno das raízes — também funciona envolver o caule em lã fofa.

GRILOS, PAQUINHAS E BESOUROS

Fazem pequenos furos nas folhas, especialmente nas macias e pouco envernizadas. São mais comuns em vasos e canteiros sem cobertura de palhinha — na presença de matéria vegetal, não chegam a causar grandes danos às plantas. Atrair passarinhos pro jardim ajuda a manter esses insetos sob controle. Caso não seja possível, experimente o detox da p. 96.

LAGARTAS

São denunciadas por suas bolinhas de cocô. Podem ter várias cores e formatos, e algumas possuem pelos que queimam. Aparecem em plantas com deficiência de boro e cálcio, então reforce a adubação com micronutrientes. Espete em palitos algumas cascas de ovo limpas e vazias e coloque nos locais onde as lagartas surgem: as borboletas pensam que é ninho de passarinho e voam pra longe. Se já tiverem surgido, cate uma a uma usando luvas.

LESMAS E CARACÓIS

Têm o corpo praticamente só feito de água, por isso passam o dia todo escondidos e se alimentam à noite, quando não há mais risco de torrar no sol. Acabe com eles espalhando iscas: ponha cerveja e bastante sal em pratinhos descartáveis e deixe perto dos vasos quando começar a escurecer. As pragas serão atraídas pelo cheiro, mas acabarão mortas por desidratação. Eeeeca…

LARVAS-MINADORAS

Minúsculas, crescem no meio das folhas, deixando uma marca que parece um ovo estalado ou um labirinto. Larvas ou lagartas-minadoras são bem comuns em hortas e parecem amar folhas de hortelã e manjericão. Arranque as partes atacadas e borrife toda a planta, incluindo a frente e o verso das folhas, com óleo de neem diluído em água (uma parte de óleo pra nove partes de água).

MARIAS-FEDIDAS OU PERCEVEJOS

Soltam um cheiro ruim e persistente como defesa. São insetos sugadores e aparecem em várias cores, do verde ao marrom. Morrem com uma calda simples: destaque as flores de um maço de crisântemo, deixe secar bem à sombra, triture no liquidificador, adicione um litro de água e espere um dia, depois, coe e borrife em toda a planta. Como ficam escondidos, capriche nos locais de difícil acesso.

MOSCAS-BRANCAS

São pequenas e só notamos sua presença quando muitas saem voando das folhas. São de difícil controle, por isso, se a infestação for grande, nenhuma receita caseira dará conta do recado. São atraídas por coisas amarelas, então besunte tiras de tecido grosso amarelo-vivo com cola de contato (disponível em papelarias) e pendure-as pelo jardim: elas vão acabar grudadas nessas armadilhas.

MOSCAS-DAS-FRUTAS

Botam ovos nas frutas quando ainda estão verdes, pra que seus bebês se alimentem da polpa. Pra se livrar delas, pegue uma garrafa PET e faça quatro furos da espessura de um lápis no gargalo; coloque um tiquinho de refrigerante (mais ou menos uns três dedos) e tampe. Pendure a isca nas árvores atacadas — a mosca entra pelos furos atraída pelo refrigerante, mas não consegue sair e morre.

PULGÕES

Parecem besourinhos, verdes, pretos, cinza ou amarelos, que infestam botões, brotos e flores, transmitindo vírus. Quando as plantas passam muita sede ou são adubadas só com muito nitrogênio, eles aparecem em colônias numerosas. Evite essa praga com adubação orgânica equilibrada em macro e micronutrientes. Se já houver infestação, jogue um jato de água, depois polvilhe cinzas vegetais nas folhas ou use o detox da p. 96.

A BICHARADA QUE DÁ UM *HELP* PRA GENTE

Já me escreveram pedindo uma técnica pra esterilizar o jardim. Tijuro. Chegamos a um ponto em que há tanta preocupação com germes e doenças que tem gente querendo se livrar até de borboleta, passarinho, joaninha... (Pausa pra você se recuperar do choque aí do outro lado.)

Não existe nenhuma maneira de esterilizar nem mesmo um único vaso — se isso fosse possível, a planta morreria imediatamente, porque depende de bilhões de micro-organismos que dão comida na boquinha, digo, nas raízes dela (passa lá na p. 40 pra relembrar isso).

Além de fungos e bactérias benéficos, há insetos e muitos outros bichos que nos ajudam a deixar o jardim lindo e saudável. Sem abelhas, por exemplo, os cientistas dizem que a humanidade morreria em quatro anos, porque não seria possível polinizar 90% dos nossos alimentos. Saguis, pássaros e morcegos também fazem esse trabalho importante de fecundar as flores pra que se transformem em frutos. Eles levam os grãos pra longe, criando florestas.

Por tudo isso, vale um alerta: pegue leve nos inseticidas, mesmo que sejam orgânicos ou caseiros. Não existe isso de passar remédio preventivo — a melhor prevenção contra pragas é alimentar direito suas plantas, fornecendo aquela sopa delicinha da p. 45 com tooooodas as letrinhas possíveis. Planta saudável não pega pragas nem doenças. #ficaadica

Agora, vem conhecer a brigada do bem que dá aquele *help* prazamigas plantas.

ABELHAS

Jataí, preguiça, marmelada... as abelhas nativas do Brasil não têm ferrão e foram batizadas com nomes muito simpáticos. Elas são todas fun-da-men-tais pra saúde do jardim. Tenha pelo menos um vasinho ou canteiro com flores que as atraiam — vale até deixar o manjericão florir só pra dar de comer às mocinhas.

2

ARANHAS

Encontrar uma teia de aranha respingada por gotinhas de chuva é ver uma renda perfeita da natureza e, ao mesmo tempo, uma armadilha mortal pra pragas. A maioria das aranhas não ataca se deixada em paz, e só uma meia dúzia é perigosa pra gente. Então, bora deixar as papa-moscas na delas, que tem muita praga pra controlar num jardim. ;)

3

BORBOLETAS

Detestamos lagartas, mas amamos quando borboletas aparecem nas nossas flores, mesmo que se trate do mesmo bicho. #naotemlogica Pra atrair borboletas, cultive flores alaranjadas ou avermelhadas, cores que elas enxergam melhor. Se quiser proteger a horta de lagartas, plante capuchinha pra que fiquem só nessa planta.

4

JOANINHAS

Elas não são só bonitinhas: uma única joaninha come mais de cinquenta pulgões por dia (como é que cabe isso tudo na barriga dela?). Cuidado pra não confundir a joaninha bebê com uma praga qualquer, já que o inseto adulto é MUITO diferente. Por serem suscetíveis a inseticidas, as joaninhas só surgem com um manejo orgânico das plantas.

5

LIBÉLULAS

São famosas por comer larvas de mosquitos — inclusive do que transmite a dengue. Gostam de água limpa e corrente, daí aparecerem quando o jardim tem uma fonte ou um lago. Você pode atrair esses insetos plantando crotalária, uma flor amarela de ciclo de vida anual que fixa nitrogênio no solo e rende palhinhas de cobertura pra terra.

PÁSSAROS

Beija-flores são importantes pra polinização de um montão de espécies. Sabiás e bem-te-vis são vorazes comedores de pragas. Pássaros carregam sementes pra longe, quebram a casca que as protege e às vezes até enterram algumas no solo, estimulando a germinação. Atraia os bicudos com água e frutas frescas e tenha o melhor e o mais lindo inseticida de jardim!

MINHOCAS

Cavam túneis no solo, deixando a terra fofa, acrescentando cálcio e abrindo caminho pra raízes, água e nutrientes. Ajudam a decompor resíduos orgânicos quando os transformam em húmus, um excelente adubo pras plantas. Mantenha o substrato úmido e a terra protegida por palhinhas (olha de novo!) pra garantir minhocas felizes.

MORCEGOS

O.k., há três espécies de morcegos que sugam sangue, mas todas as outras 1113 gostam mesmo é de frutas, insetos (tipo barata e gafanhoto) e ratinhos. Um único morceguinho é capaz de transportar mais de quinhentas sementes numa noite, disseminando-as por uma floresta inteira. Merecem nosso respeito sim ou com certeza?

RÃS, SAPOS, LAGARTOS E LAGARTIXAS

Eles são gosmentos, mas, se deixar que trabalhem em paz, você vai ter uma casa livre de ratos, baratas, escorpiões, mosquitos e outros insetos que tiram nosso sossego. Não precisa sair por aí abraçando sapo nem ter um teiú de estimação, é claro. Melhor eles lá e você aqui. Quem sabe esse não seja o começo de uma relação mais próxima com a natureza?

94

QUANDO AS PRAGAS DESPERTAM A FÚRIA ASSASSINA

Se você veio correndo pra cá, peço um pouquinho da sua atenção. Segura esse instinto macabro só um minutinho pra lembrar que qualquer inseticida, mesmo a receitinha "natural", "orgânica" ou "caseira", vai ter um megaimpacto no jardim. Morre a praga que está amolando a gente, é verdade, mas vão pro beleléu também os ovinhos de joaninha, as minhoquinhas, as borboletas.

> *Então, antes de sair exterminando geral,*
> *respira e responde a estas três perguntas:*
>
> 1. Você já adubou as plantas com macro e micronutrientes (volte pra sopinha da p. 45)?
> 2. A praga está realmente maltratando as plantas ou você viu uma única lagarta andando por aí (talvez procurando apenas um cantinho pra fazer seu casulo)?
> 3. Você já tentou usar alguma medida mais específica como as da p. 80?

O.k., você tá liberado pra preparar o detox de pragas, mas PROMETE que não vai usar pra qualquer formiguinha que pintar no seu jardim? Mão no coração? Sendo assim, vamos à receita.

Detox de pragas
passo a passo

INGREDIENTES

5 folhas frescas de tomateiro (ou 2 folhas frescas de mamoeiro)

1 punhado de pimentas inteiras, de qualquer tipo

1 cebola

5 dentes de alho

1 pedacinho de sabão de coco de mais ou menos 2 cm

2 colheres de canela em pó

água quanto baste

MODO DE FAZER

1. Pique todos os ingredientes grosseiramente, incluindo os talos, a parte branca das pimentas e o sabão.

2. Coloque tudo num liquidificador, acrescente a canela e adicione um pouco de água, só pra bater. Quanto menos líquido, melhor. Se precisar, divida em partes pra bater bem.

3. Prenda a respiração e abra a tampa do liquidificador, abanando bem pro cheiro se espalhar. Pimenta e cebola têm substâncias que irritam os olhos (então imagina o que vão fazer nos pulgões e cochonilhas… o.O).

4. Evitando inspirar perto da calda, passe-a pela peneira. A polpa que sobrar pode virar adubo pras plantas (só cubra com terra pra não atrair mosquitinhos).

5. Essa é a calda concentrada. Quando for usar nas plantas, dilua em dez partes de água. Borrife as folhas, frente e verso, até encharcar a planta. Repita a aplicação uma vez por semana por um mês.

Rendimento:
10 litros (ou 1 litro de calda concentrada)

Validade:
até 3 meses se mantido em geladeira

Importante:
Nunca use o detox de pragas
nos horários de sol forte!

ingredientes

SABÃO DE COCO

PIMENTA

CEBOLA

ALHO

CANELA EM PÓ

FOLHA DE MAMÃO

PERAÍ, MAS POR QUE FUNCIONA?

Eu sabia que você ia perguntar isso. Vamos lá: tanto o pé de tomate quanto o de mamão têm folhas tóxicas pra pulgões, moscas e lagartas. Elas literalmente derretem a proteína que existe no corpo desses insetos. #CRUEL

Alho e cebola funcionam como repelente, e a pimenta mata ovos e larvas de muitos bichos. Já a canela em pó tem ação fungicida — o que é importante porque muitas pragas sugadoras acabam transmitindo doenças fúngicas pras plantas. E o sabão? Bem, besouros e cochonilhas têm uma cera de proteção que os torna impermeáveis à água. O sabão cria uma película pegajosa que mata essas pragas por asfixia.

COMO SE NÃO BASTASSE,
AINDA TEM AS DOENÇAS...

Nem sempre o que deixa a planta #malz é bicho com perninhas. Muitas vezes o causador de pintas, manchas, apodrecimentos e outros não é um inseto, e sim uma doença. Por não serem visíveis a olho nu, fungos e bactérias acabam confundidos com pragas, mas o tratamento de doenças não tem na-da a ver com o combate aos insetos. Nadica de nada mesmo. Taí o motivo de muita gente se irritar: usar o remédio errado, não dá resultados.

Essa é mais ou menos a diferença entre piolho e enxaqueca. Os dois dão na cabeça, certo? Mas um tem perninhas, é um bichinho e fica do lado de fora, parasitando o couro cabeludo. Como se mata piolho? Com xampu medicinal, passando um pente-fino no cabelo, enxaguando a cabeça com vinagre. E a enxaqueca, comquisome? Resolve passar xampu medicinal? Claro que não! Porque a enxaqueca é um problema dentro do corpo, e o piolho é uma praga que ataca do lado de fora.

Cochonilha e pulgão são insetos sugadores que você mata como mostrei nas pp. 87 e 91, respectivamente, borrifando óleo de neem, detox de pragas e coisas assim. Fungo que deixa um bolor branco na planta pode ser parecido com cochonilha, mas não é a mesma coisa: não tem perninhas e olhando de perto dá pra ver uma penugem cobrindo a folha de maneira uniforme. Pra fungos e bactérias a gente vai usar fungicidas e bactericidas ou mudar o pH da folha, mas não vai borrifar inseticida. Belê?

> **FUNGOS E BACTÉRIAS**
> adoram
> **CALOR + UMIDADE + PH ÁCIDO.**

*Sem essa combinação, não conseguem crescer direito,
então, vamos dificultar a vida deles!*

As doenças aparecem porque...

Falta adubação ou o adubo usado é pobre em micronutrientes
E agora? Corre na parte de adubos pra dar comida direito prazamigas plantas, p. 45.

Tá empoçando água nas raízes ou no meio das folhas
E agora? Essa é a clássica assassina de suculentas e orquídeas, vai ver lá na p. 31.

Bate muito sol ou a planta está em local pouco iluminado praquela espécie
E agora? Então pula pra p. 29. Nos próximos capítulos tem dicas pra sombra e sol forte.

O solo está muito compactado, sem palhinhas protetoras nem matéria orgânica
E agora? Vou falar das palhinhas até ficar rouca, vê lá na p. 31.

Venta demais onde a planta cresce e ela vive desidratando
E agora? Tem plantas pra vento na p. 264, mas avalie se rola ter um quebra-vento.

Chegou vaso novo doente em casa e o problema se alastrou
E agora? Ao trazer planta da rua, deixe-a longe das outras até combater o problema.

O pH do solo está ácido demais
E agora? Adicionar cálcio no solo ajuda a puxar o pH pro alcalino, então bora pra p. 39.

A mesma tesoura foi usada em plantas diferentes sem higienizar
E agora? Isole as plantas "suspeitas" de contágio e trate-as até sararem, mas lembre-se sempre de esterilizar a tesoura, como falei na p. 58 (este erro todo mundo comete).

APRENDA A IDENTIFICAR AS DOENÇAS

É FUNGO

Se apareceram pintinhas pequenas em toda a folha pode ser cercospora, uma doença fúngica bem conhecida, comum em orquídeas. Grandes manchas pretas com uma borda amarela que vai avançando costumam indicar antracnose, outro problema corriqueiro. Alguns fungos causam manchas amarronzadas que parecem um "ralado" nas folhas, e essa doença é chamada de ferrugem. Já míldio e oídio deixam uma camada aveludada, branca ou acinzentada ao longo de folhas e flores, com aspecto de pão embolorado.

É BACTÉRIA

As mais fáceis de identificar causam apodrecimentos amarronzados, deixando folhas e caules moles e malcheirosos, e soltando uma água nojenta. Elas gostam mais de umidade do que os fungos, por isso aparecem nas partes úmidas da planta, como bulbos e raízes (alô, cenouras com buracos melequentos!), ou no encontro de folhas e caules ou de galhos e troncos. Toda curvinha ou cantinho onde a água possa empoçar vira um chamariz pras bactérias. Se a acidez for alta, é aí que elas vibram mesmo.

É VÍRUS

Não tem nada mais difícil de diagnosticar a olho nu do que vírus — por isso, vou dar uma dica pra qual muito agrônomo vai torcer o nariz. Se você já tentou de tudo e a planta ainda parece pintada, manchada ou defeituosa, provavelmente é vírus. Como ter certeza? Fazendo exame laboratorial, o que tem um custo. Além disso, o resultado demora pra sair e nem sempre é conclusivo (não briguem comigo, especialistas). Vírus passam de uma planta pra outra e não têm cura (bom, pelo menos não uma cura ace$$ível…).

NÃO É PRAGA NEM DOENÇA

Mordida de cachorro, machucados durante o transporte, queimaduras de sol, xixi de gato, mudança brusca de temperatura, correntes de ar… Há muitos fatores que podem causar pintas, manchas e outros problemas nas plantas. Pra detectá-los o jeito é treinar o olho e dar uma verificada nas suas plantas toda semana. ;)

RECEITAS CASEIRAS CONTRA DOENÇAS

Tente uma destas soluções por vez, pra ter um controle do que funcionou. Todas as receitas caseiras são mais bem absorvidas depois que a planta já foi regada e quando aplicadas no comecinho da manhã ou no final do dia, nunca nas horas de sol forte. Borrife novamente a receita se chover e reaplique uma vez por semana, por pelo menos um mês.

CAMOMILA

CONTRA FUNGOS EM GERAL:

coloque cinco colheres de sopa de vinagre branco em meio litro de água e passe com algodão em toda a folhagem afetada.

CONTRA BACTÉRIAS EM GERAL:

corte todas as partes da planta que estiverem moles, fedidas e pegajosas e borrife própolis puro no que sobrou. Não serve pra folhas peludinhas.

CONTRA MÍLDIO E OÍDIO:

dilua duas colheres de sopa de leite de magnésia (compre em farmácia) em meio litro de água e borrife toda a planta e o substrato.

CONTRA FERRUGEM:

com meio litro de água fervida, faça um chá beeeem forte de camomila (use todos os saquinhos da caixa), espere esfriar e o borrife nas folhas.

Pasta cicatrizante

Vai cortar um galho de árvore, aparar a cerca viva
ou tirar muda de orquídea? Tenha na geladeira esta
pasta cicatrizante molezinha de preparar, que pode
ser armazenada por até um ano e é tiro e queda contra
fungos e bactérias oportunistas, que podem entrar pelos
machucados. Própolis e canela têm ação fungicida e
bactericida e ainda aceleram a cicatrização. A vaselina
em pasta impede que o curativo vá embora com as regas.

INGREDIENTES

1 potinho de vaselina em pasta (compre na farmácia, de qualquer marca)
1 saquinho de canela em pó
50 gotas de própolis puro (ó ele aqui, na p. 58)

MODO DE FAZER

1. Misture todos os ingredientes até ficar com cor e
   consistência de brigadeiro.
2. Coloque em um frasco fechado e etiquetado e
   mantenha na geladeira.
3. Quando fizer uma poda, passe o cicatrizante
   generosamente no local.
4. Se for tirar mudas, lembre-se de aplicar a pasta na
   muda e na planta-mãe.

Rendimento:
centenas de aplicações
Validade:
anos

ingredientes

CANELA

PRÓPOLIS

VASELINA EM PASTA

Esta pasta cicatrizante serve para todo tipo de poda.

PARECE QUE TÁ COM A CABEÇA NA LUA!

Ninguém em sã consciência duvida de que nosso satélite natural influencia as marés: basta olhar uma praia na lua cheia pra ver como o mar se comporta de um jeito bem diferente do que na minguante.

Diversas culturas e povos antigos concordam que o céu também interfere nas plantas. A maior parte dos cientistas diz que não, mas, pra você ter uma ideia de como a coisa é controversa, jogue "lua agricultura" no Google pra ver o tanto de pesquisas acadêmicas que aparecem.

No campo, no entanto, ninguém duvida dessa influência. Não se colhe bambu e madeira pra móveis na lua cheia, prontocabô. Por quê? Porque enchem de broca. Mas por que isso acontece? Aí o bicho pega. No campo, vão dizer que a madeira fica "doce"; na cidade, explicam que a lua cheia "puxa a seiva pra cima"; na faculdade, não confirmam nem negam nada.

Como a coisa vai longe, até provarem tudo por A + B, deixo aqui alguns ensinamentos colhidos por biólogos e agrônomos consagrados e também pela agricultura biodinâmica, que leva muito em consideração a influência da lua no manejo do jardim. Na dúvida, teste aí na sua casa. Semeie em luas diferentes e veja no que dá. Colha na cheia e na minguante e compare. Não tem jeito melhor e mais divertido de comprovar as coisas.

Já eu tento seguir as fases o melhor que posso. Tenho até um aplicativo pra isso no celular (há um monte deles!). Vai que descobrem que os antigos tinham razão... Não vou passar carão com meus antepassados, não!

A Lua leva exatos **27,55 dias** pra completar uma volta em torno da Terra.

Aplicativos gratuitos pra celular mostram as datas de apogeu e perigeu todo mês.

COLA EM MIM QUE TU BRILHA

LUA CHEIA

Puxa a seiva "pra cima", deixando as flores mais perfumadas, os frutos mais suculentos e as folhas com cor e textura melhores. Colha as ervas aromáticas e medicinais. Plante árvores frutíferas e hortaliças pra saladas.

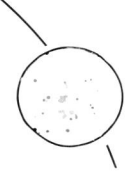

LUA CRESCENTE

Trepadeiras, arbustos eretos, mudas de árvores: todos parecem crescer mais depressa. Se quiser que o gramado segure mais tempo a poda, corte na lua crescente que ele "estaciona" (embora perca também um pouco do vigor).

LUA MINGUANTE

Com a seiva das plantas mais concentrada no solo, batatas, cenouras, beterrabas e rabanetes estão no auge do sabor, então esse é o momento da colheita. Use essa fase também pra podar, já que as plantas se recuperam mais rápido.

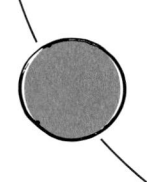

LUA NOVA

É a melhor época pra cortar bambu e madeira, que secam mais depressa e pegam menos pragas. Priorize o cuidado com a fertilidade do solo e o crescimento das raízes: adube, use a composteira, cubra a terra com palhinhas.

QUANDO A LUA TÁ PERTINHO DA TERRA

NA AGRICULTURA BIODINÂMICA, QUE SEGUE TRADIÇÕES MILENARES DE CULTIVO DE PLANTAS, AS FASES DA LUA SÃO IMPORTANTES, MAS SABER SE ELA ESTÁ PERTO OU LONGE DA TERRA TAMBÉM É FUNDAMENTAL.

PERIGEU: Quando está pertinho da gente, a lua influencia os elementos aquosos das plantas, tornando folhagens, begônias, violetas e outras espécies de umidade ainda mais bonitas.

APOGEU: Nesta fase em que a lua está mais distante, tudo cresce e frutifica depressa, como se as plantas quisessem logo dar sementes.

Tanto num estado quanto no outro, o jardim pode ser beneficiado. Uma dica: se quer colher frutas suculentas, deixe a colheita pro apogeu, porque no perigeu elas ficam mais aguadas.

Capítulo 2
AS ADORÁVEIS SUCULENTAS

Elas são pequenas, resistentes, versáteis, fáceis de cuidar e supercolecionáveis — e as melhores amigas de quem está começando na jardinagem

Suculentas precisam de muito sol e pouca água.

Taqui sua autorização pra plantar

**A**cho as leguminosas tão bonitinhas…" Agora já estou craque: quando leio "leguminosas", meu "corretor hortográfico" traduz pra "suculentas" (não sei de onde vem essa confusão, já que as leguminosas são uma família totalmente diferente).

As suculentas ganharam esse nome porque, como os camelos, são capazes de armazenar água — na falta de corcovas, elas guardam o tal do "suco" nutritivo em caules, folhas e raízes. Essa classificação abrange cactos, arbustos, trepadeiras e outras plantas espertas que armazenam água e nutrientes. Por isso, ao contrário do que se pensa, todo cacto é suculenta, mas nem toda suculenta é cacto (explico isso na página 112, não se preocupe).

Como quem tem água no deserto vira rei, algumas suculentas inventaram um jeito de não ser depredadas por bichos sedentos: espinhos. Junto com uma cera grossa que recobre as folhas, eles ajudam a manter a umidade, igualquenem os pelos do nosso corpo.

Viu como essas plantas são espertinhas? Ao longo de milhões de anos, aprenderam a reter água, viver no sol escaldante, crescer na areia e se defender de animais sedentos. É muita inteligência pra um ser clorofilado.

Há suculentas espalhadas por todo o mundo, inclusive no Brasil, como a onze-horas e o mandacaru. A babosa é uma famosa "gordinha" de uso medicinal, enquanto o agave ficou popular porque seu caule é a base da tequila. Dá até pra comer algumas, como a pitaia e a palma.

Agora, pensa assim: a planta levou milhões de anos pra montar o kit estiagem com todos os acessórios que a tecnologia vegetal proporciona. Vem a gente e faz o quê? Molha. Muito. Até encharcar.

Eu sei, eu sei, você não faz de propósito. Regar as plantas é gostoso mesmo. Então, esquece esse meio quilo de culpa e taqui sua autorização pra ter uma suculenta outra vez. Vai ser mais fácil cuidar dela, prometo. Vambora se redimir.

TEM UM JEITO PADRÃO
PRA CUIDAR DE SUCULENTAS?

Agora que você já tem sua permissão pra ~~matar~~ cultivar um jardim, é bom conhecer melhor suas ~~vítimas~~ plantas. E a primeira coisa a saber é que nem todo cacto ou suculenta abomina água. Vou explicar isso melhor.

Os cactos são típicos de locais de chuvas mal distribuídas: chove forte por um curto período no ano, mas no resto dos meses não cai uma gota do céu. Repare que estou falando especificamente das cactáceas, plantas exclusivas das regiões áridas do continente americano, principalmente do México, da América Central e da América do Sul. Nesses lugares — pasme! — faz frio à noite. A gente imagina um deserto quente o dia todo, mas a terra arenosa e quase sem vegetação não consegue reter o calor, então, a temperatura cai tão logo o sol se põe.

Acontece que nem todas as suculentas são da família das cactáceas. Ao longo de milhões de anos, muitas outras famílias botânicas chegaram às mesmas estratégias de economia de água, então há suculentas distribuídas em todas as áreas quentes e secas do mundo.

Pra dar um nó de vez na sua cabeça, existem ainda suculentas tropicais, como é o caso do nosso cacto-macarrão e da flor-de-maio, nativos da Mata Atlântica. Entende por que é difícil cultivar juntas espécies tão diferentes? Quanto mais variada for sua coleção, mais será preciso pesquisar pra descobrir de onde as plantas vêm e como gostam de ser tratadas.

Então, acabou essa coisa de chamar todo mundo de suculenta. Ponha uma plaquinha com o nome de cada planta e agrupe as que gostam das mesmas condições de luz e água. Esse é o segredo do sucesso no cultivo dessas lindas gordinhas.

Pra facilitar sua vida, nas próximas páginas estão agrupadas as figurinhas que você encontra nas floriculturas com facilidade — e algumas disputadas por colecionadores. Se prepara pra se apaixonar.

DICAS DE OURO PRA CACTOS E SUCULENTAS

(1) TEM QUE TER SOL... *MESMO*

Mantenha os vasos em um local que receba pelo menos quatro horas diárias de sol (há espécies que precisam dele o dia todo). Se nunca bate sol na sua casa, melhor pular pra p. 183, onde tem várias plantas que vão amar um cantinho sombreado.

(2) ESPERE SECAR PRA REGAR DE NOVO

Regue em abundância, mas espere até que a superfície do substrato esteja BEM seca antes de regar de novo (lembra do truque do dedômetro da p. 31?). Dependendo do vaso, da espécie escolhida e do clima, isso pode levar dias ou semanas.

(3) ACRESCENTE ISOPOR PICADINHO

Quanto mais porosa a misturinha de areia e terra, menos água ela mantém. Acrescente isopor esfarelado ao substrato pra arejar as raízes. Essa manha substitui a perlita, um mineral que as suculentas amam, mas que é difícil de achar.

SOCORRO, APARECEU COCHONILHA!

Cactos têm uma relação tão estreita com cochonilhas que há uma espécie criada só pra atrair essa praga, a palma forrageira (*Opuntia cochenillifera*). A indústria transforma 1 quilo desses insetos esmagados em 50 gramas de ácido carmínico, um corante vermelho usado em batons, iogurtes e outros produtos (nojento!). Curiosamente, as cochonilhas tão disputadas pelas empresas atormentam jardineiros em todo o mundo. Saiba como evitá-las e combatê-las:

PRA EVITAR: adube. Quanto mais areia no substrato, menos a terra segura os nutrientes, então, vai lá na p. 46 escolher uma comidinha rica em cálcio pras suas moças.

PRA EXTERMINAR: sabão nelas! Assim como o neem lá da p. 61, o sabão de coco mata o inseto por asfixia. Passe com cotonete nas partes infestadas e adeus praga.

UÉ, MAS A FLOR NÃO MORRE NUNCA?

Uma semana depois que seu cacto chegou em casa, as flores seguem lindas. O tempo passa e elas continuam lá, coloridas. Então você se toca de que a planta está florida há MESES! Epa! Seu detector de flor de mentira soa.

Acredite se quiser: alguns produtores espetam no cacto florezinhas secas coloridas artificialmente pra atrair o consumidor. Há um problemão nessa prática: as flores "falsas", chamadas de sempre-vivas (*Xerochrysum bracteatum*), estão sumindo da natureza. Pra piorar, a floração de mentirinha fura o cacto, atraindo doenças.

O mais triste é que pouca gente conhece as flores verdadeiras dos cactos. Elas só duram uns dias, mas são exuberantes, com pétalas finas como papel — parecem uns poeminhas que os espinhudos produzem quando estão felizes.

verdadeira

falsa

Larga de comprar cacto com flor tingida e vem se maravilhar com a florada de verdade. Dura pouco na planta, mas muito na lembrança.

AUMENTE A COLEÇÃO SEM GASTAR UM TOSTÃO

- Reproduzir suculentas é fácil: dá pra fazer mudas a partir de pedaços de folhas e caules espetados em substrato fértil — use essa técnica com as plantas compridinhas.

- Aloe, rosa-de-pedra e dedo-de-moça produzem brotações embaixo das folhas secas da planta-mãe; destaque-as com cuidado pra ter mais suculentas.

- Cactos com cara de arbusto podem ter ramos podados: pingue própolis no corte e na planta-mãe, espere cicatrizar por uns dias pra enterrar a pontinha da muda no vaso.

- Deixe o berçário de suculentas em local que receba sol pela manhã até o enraizamento. Daí, é só passá-las pro vaso ou canteiro definitivo.

SUCULENTA COMPRIDA NÃO É COISA BOA

Quando eu digo que planta fala, as pessoas me acham doida. Cacto ou suculenta fininho e espichado está dizendo em plantês bem claro: "Preciso de mais sol". Muita gente acha legal, que a planta parece crescer. Na verdade, ela perdeu a forma original, que era mais compacta e achatada. Isso chama "estiolamento", e não é nada bom. Coloque o vaso pouco a pouco em local mais ensolarado e ela vai agradecer em plantês. Como? Dando flores!

CACTOS FÁCEIS DE ENCONTRAR POR AÍ
Todos de sol forte, solo arenoso e resistentes a vento

Cacto "Mickey Mouse"
Opuntia microdasys

Oriundo do México e dos Estados Unidos, ganhou o apelido graças a suas folhas achatadas que lembram as orelhas do camundongo da Disney. Fofo? Epa, não se engane: cada pontinho tem um tufo de minúsculos espinhos que irritam quando entram na pele — use pinça ou segure com uma tira de papelão ao mudar de vaso.

Cadeira-de-sogra
Echinocactus grusonii

Forma uma bola de meio metro de altura com espinhos em toda parte. Deve ser péssimo pra sentar nele, mas é bom pra delimitar territórios — nem o cachorro mais destemido se atreve a mexer com esse cacto! Cresce tanto no sol forte quanto à meia-sombra, desde que não fique exposto ao frio ou a geadas.

Gymnocalycium bayrianum

Acostumado a crescer nas serras argentinas, a mais de setecentos metros de altitude, este simpático cacto globular tem espinhos grossos que surgem em forma de estrelas se curvando em direção ao caule (sempre penso que ele faz isso pra ganhar um abraço). Seu habitat fica bem acima do nível do mar, de modo que aguenta sol forte, tempo seco e até um friozinho.

Mammillaria bocasana

Um dos maiores e mais variados gêneros de cactos, o *Mammilaria* enche os olhos do colecionador iniciante. As plantas costumam ter um padrão geométrico em relevo e espinhos mais ou menos densos, formando desenhos que parecem mandalas vivas. Odeiam água empoçada: use isopor ou perlita pro substrato ficar mais leve e poroso.

Rabo-de-macaco
Cleistocactus colademononis

Ao contrário de muitos cactos, o rabo-de-macaco tem espinhos tão macios que mais parecem uma penugem. Os caules pendentes podem alcançar mais de dois metros de comprimento e produzir flores vermelhas nas pontas. Típico da Bolívia, se adaptou ao clima brasileiro e tem um efeito lindo em jardins verticais a sol pleno ou meia-sombra.

Torre-amarela
Parodia leninghausii

Nem parece, mas este é um cacto legitimamente gaúcho, tchê! Batizado em homenagem ao colecionador alemão Wilhelm Lenninghaus, que morou no Rio Grande do Sul em 1880, alcança um metro e tem o caule repleto de espinhos finos e dourados. No verão, surge uma coroa de flores amarelas. Sobrevive a geadas sem precisar de chimarrão, bah!

CACTOS DIFICINHOS DE ACHAR

De crescimento lento, estes são tão incomuns que a maioria nem tem um nome mais amigo, então dá-lhe latim!

Astrophytum ornatum

Mais um mexicano pra lista de bonitezas espinhentas, este cacto produz uma florada amarela no topo da cabeça, como um alegre chapéu, daí o "ornatum" de seu sobrenome. É considerada a espécie mais resistente de todos os *Astrophytum*, então, se joga: deixe torrar no sol forte, espere o substrato secar bem entre uma rega e outra e seja feliz!

Chapéu-de-bispo

Astrophytum myriostigma

Tolerante à seca, não suporta água parada nas raízes: quando o substrato fica encharcado por muito tempo, o apodrecimento é rápido e mortal. Mas você vasculhou a internet atrás desta lindeza e não vai perdê-la assim tão fácil, certo? Bora plantar em solo drenado, em local que receba pelo menos quatro horas de sol por dia. ;)

Cacto-parafuso

Cereus peruvianus [var.] *tortuosus*

Taí um cacto que rouba a cena no jardim: com seus caules espiralados, ele consegue alcançar até quatro metros de altura, mas, como tem crescimento bem lento, pode passar anos vivendo em vaso. Nativo do Paraná, precisa de muito sol, solo fofo e substrato bem adubado pra ficar bonito. Pode os ramos de vez em quando pra ele ficar mais cheio.

Matucana madisoniorum

Com flores grandes em comparação ao caule redondo e achatado, este cacto peruano está cada vez mais escasso na natureza. Gosta de sol ou muita luz difusa e aceita até um pouco de frio, desde que as temperaturas não caiam a menos de 12ºC. Com dez centímetros de altura e raízes curtinhas, é perfeito pra vasos e jardineiras.

Cacto-pluma

Mammillaria plumosa

Como não amar este cacto que parece um floco de neve, uma bola de sorvete, uma pelúcia? Seus espinhos protegidos por tufos brancos são idênticos a plumas macias — esperteza que evita a perda de água no sol escaldante do deserto. Depois de alguns anos, as bolinhas viram uma touceira e surgem flores brancas pequeninas. Lindimais!

Thelocactus bicolor

Das zonas áridas e escaldantes do Texas aos desertos mexicanos, este cacto cresce conquistando fãs graças a suas flores grandes e delicadas, com pétalas cor-de-rosa quase transparentes com o centro roxo bem vivo. Desde que tenha todo o sol que merece e você não exagere nas regas, floresce com facilidade várias vezes no ano.

SUCULENTAS QUE SE VEEM EM TODO CANTO

Há opções pra ter dentro de casa ou pro ambiente externo — inclusive algumas que gostam de frio e vento. Olha que legal!

Agave-dragão

Agave attenuata

De todas as espécies desse numeroso gênero de suculentas, esta é a mais comercializada no Brasil. Sua folhagem não tem espinhos e produz flores amarelas numa haste de quase três metros de altura. Depois de florir, a planta-mãe seca e morre, deixando várias mudinhas ao redor, que criam um lindo efeito de touceira em locais de sol forte.

Cacto-macarrão

Rhipsalis baccifera

Cresce nas árvores como um espaguete verde, daí gostar de meia-sombra e umidade (quem tem janela onde não bate sol o dia todo?). Plante em substrato leve, mantido um pouquinho úmido. Produz microflores e frutinhos não comestíveis que parecem bolinhas. É bom pra quadros verdes e jardins verticais que recebam poucas horas de sol.

Babosa

Aloe vera

Suculenta mais cultivada no Brasil, tem origem mediterrânea e aguenta solo arenoso, sol forte, vendaval, maresia e geada sem fraquejar. Não bastasse tanta garra numa planta, tem seiva cicatrizante — uma mão na roda pra sarar feridas e acalmar a dor e a coceira de picadas de cobras e mosquitos. Sua florada é disputada por beija-flores.

Dedo-de-moça

Sedum morganianum

Há vários *Sedum*, mas o mais comum é este, pendente. Suas folhas dispostas em cachinhos são tão frágeis que é impossível manusear sem quebrar. Se isso acontecer, não chore: elas enraízam que nem mato se mantidas superficialmente na terra úmida, como se tivessem caído sozinhas. Ficam lindas tanto em sol forte quanto à meia-sombra.

Barba-de-moisés

Soleirolia soleirolii

Esqueça as suculentas resistentes a sol forte e a longos períodos de estiagem: a barba-de-moisés gosta mesmo é de (meia-)sombra e (pouca) água fresca. Planta de crescimento rasteiro, ela faz um denso tapete verde em áreas que recebem o sol fraquinho da manhã. Regue pra manter a superfície do substrato ligeiramente úmida.

Rosa-de-pedra

Echeveria sp.

Não tem arranjo de suculentas sem esta maravilhazinha em forma de flor, com as folhas milimetricamente encaixadas, como num quebra-cabeça. Existem dezenas de variedades: lilases, acinzentadas, esverdeadas ou bicolores, lisas ou crespas. Cultive à meia-sombra, com substrato adubado, pra ver logo sua florada, parecida com um cabo de guarda-chuva.

SUCULENTAS QUE DÃO MUITA FLOR

Aqui estão tanto aquelas espécies que passam vários meses floridas
quanto as que florescem por pouco tempo, mas muitas vezes no ano

Cacto-estrela

Stapelia hirsuta

Carinhosamente chamada de "monstrinha", tem
a flor do tamanho de um pires, com cor, cheiro e
textura de carniça — tudo pra atrair varejeiras,
suas polinizadoras. Antes de torcer o nariz, saiba
que o cheiro é fraquinho e que as larvas morrem.
Deixe à meia-sombra e mantenha a terra úmida, pra
"estrela" se revelar.

Calanchoê ou flor-da-fortuna

Kalanchoe blossfeldiana

Apesar de ser uma planta que dura muitos anos,
esta suculenta é cultivada no Brasil como espécie
anual. É que sua florada perde o vigor no segundo
ano e nem com podas e adubação ela volta a ficar
bonita. De porte pequeno, é vendida em grande
variedade de cores, com flores simples ou de
pétalas duplas, crescendo em locais ensolarados.

Flor-de-maio

Schlumbergera truncata

Idolatrada pelo beija-flor, tem um gracioso aspecto
pendente e, no outono e inverno, fica com os ramos
carregados de flores translúcidas, daí seu outro
nome, flor-de-seda. Nativa das áreas sombreadas
do Sudeste do Brasil, precisa crescer protegida do
sol forte, em local com muita claridade. Com um
pedacinho de ramo você faz uma nova muda!

Onze-horas

Portulaca grandiflora

Assim como sua irmã menos famosa, a beldroega
(*Portulaca oleracea*), a onze-horas cresce em todo o
país, enfeitando canteiros lindamente, mesmo sob
o sol de rachar. Em grandes áreas, forma maciços
multicoloridos que atraem borboletas. É uma opção
bem resistente pra jardins verticais sob sol pleno,
criando um efeito pendente muito interessante.

Rosa-do-deserto

Adenium obesum

Foi das áreas mais secas da África e da Península
Arábica que veio esta suculenta de tronco escultural
e florada intensa e duradoura. Embora aqui seja
comercializada em pratos rasos, é uma árvore que
atinge até quatro metros em seu habitat. Ama sol e
não suporta solo encharcado: adicione cascalho ao
substrato pra que cresça melhor.

Rosinha-de-sol

Aptenia cordifolia

Esta mocinha de flores vermelhas, crescimento
rápido e alta tolerância ao sol forte não passa
de quinze centímetros de altura, daí ser muito
usada como substituta da grama em cidades de
calor intenso. Sua reprodução por pedacinhos de
caule é muito fácil: basta cortar segmentos de dez
centímetros e enterrar a ponta no substrato fofo e
fértil que ela logo se alastra.

SUCULENTAS DISPUTADAS POR COLECIONADORES

Se encontrar alguma destas lindezas por aí, se joga! Estas são gordinhas mais exóticas e menos trabalhosas pra quem está começando na jardinagem

Aloe aristata

Olha só como uma planta pode ser esperta: quando fica muito tempo sem água, as pontinhas das folhas desta suculenta se tornam fininhas como pelos. Se a sede não passa, ela quase se fecha, como se quisesse se proteger do sol forte, coitadinha. Com apenas quinze centímetros de altura, esta mexicaninha tem as folhas pintadas de branco e dá flor na primavera.

Cacto-pedra

Lithops sp.

Todo mundo chama de cacto-pedra, mas eu juro que vejo as perninhas dos meus pôneis de brinquedo enfiadas na terra (tá, acho que tive uma infância estranha…). Sabe por que quase não se vê esta suculenta pra comprar? Demora MUITO pra crescer. Mesmo. Uma pena, porque ela é perfeita pra ter dentro de casa, onde bate pouco sol.

Cacto-tubarão

Falcaria tigrina

Um desavisado talvez confunda as folhas desta suculenta com uma planta carnívora, mas, exceto pelo nome assustador, as duas espécies não têm nada em comum (pois é, este "tubarão" é completamente inofensivo). Se for mantido em solo leve e sob sol forte o dia todo, em breve os "dentinhos" vão se abrir pra dar espaço a uma grande flor amarela!

Colar-de-pérola

Senecio rowleyanus

Como pequenas ervilhas presas a um fio longo, esta suculenta africana se adapta tanto a ambiente só com claridade quanto a locais de sol pleno, desde que seja protegida nas horas mais quentes do dia. Não exagere nas regas pra não perder seu lindo colar verde: apesar de gostar de umidade no ar, ela odeia solo encharcado.

Euphorbia obesa

Regrinha de ouro das suculentas: quanto mais gordinha a planta, maior o risco de apodrecimento. Pra deixar esta moça "obesa", plante em substrato bem poroso, assim o excedente das regas vai logo pro fundo do vaso, longe das raízes. Deixe ela tomar o máximo de sol possível, pra manter o formato achatado que é seu charme.

Pata-de-gato
Cotyledon tomentosa

Com folhas gordinhas, peludas e com pintinhas marrons nas bordas, esta suculenta parece um brinquedo — já vi gente arrancar uma folha pra ter certeza de que não é de plástico. Na África, nasce em regiões de solo arenoso e sol forte. Como bom gato, gosta de sol, mas não é fã de água: regas em excesso apodrecem as "patinhas".

Arranjo charmoso de suculentas
passo a passo

INGREDIENTES

1 travessa de madeira de uns 30 cm de comprimento (ou outra base interessante que achar na cozinha)

1 furadeira com broca nº 6

1 bandejinha de isopor (ou seixo miúdo)

2 punhados de areia

2 punhados de substrato

2 colheres (sopa) de bokashi (lembra a p. 42?)

1 rosa-de-pedra (pote 6)

3 rosas-de-pedra variadas (pote 11)

1 *Aloe aristata* (pote 15)

1 cacto-macarrão (cuia 21)

1 cacto "Mickey Mouse" (pote 6)

2 *Opuntia* sem espinhos (bandeja)

1 dedo-de-moça (cuia 21)

pincel fofinho (pode ser de maquiagem)

regador de bico fino e água quanto baste

"Cuia" e "pote" são os dois formatos de vasos mais comuns nos garden centers; o número que vem depois dele é a medida da boca do vaso em centímetros, e vai ajudar você a ter ideia do tamanho da planta.

MODO DE FAZER

1. Pegue a travessa e, com a furadeira e a broca, faça uns dois ou três furos no fundo. Isso vai facilitar o escoamento do excesso de água, mas, se estiver usando como base um objeto de cozinha que não dê pra furar, você não poderá exagerar MESMO nas regas, tá?

Rendimento:
1 porção de charme pra sua casa

Validade:
3 meses até que as plantas tenham crescido e precisem ser podadas

ingredientes

MODO DE FAZER (continuação)

2. Pique a bandejinha de isopor e espalhe os pedacinhos fazendo uma camada de drenagem de mais ou menos um dedo de espessura no fundo da travessa. Cuidado pra não vedar os furos.

3. Misture metade da areia e do substrato e adicione à travessa. Adicione as colheres (sopa) de bokashi.

4. Pegue o cacto-macarrão e pressione as bordas do vaso levemente, pro torrão de raízes desgrudar inteiro. Com uma mão, escorregue a planta bem devagar sobre a outra mão, retirando a suculenta do vaso sem machucar as folhas.

5. Separe algumas touceiras de cacto-macarrão. Não plante inclinado, e sim bem em pé. Não se esqueça de acrescentar mais substrato com areia e adubo a cada plantio.

6. Em seguida segure uma das rosas-de-pedra pelo caule, exatamente onde terminam as raízes e começam as folhas. Esse é o melhor jeito de manipular suculentas sem estragá-las. Vire de cabeça pra baixo e retire eventuais folhas secas ou podres.

7. Dê uma chacoalhada na planta pra soltar um pouco do substrato — use os dedos pra esfarelá-lo gentilmente, como se estivesse fazendo um cafuné nas raízes. A ideia é diminuir ao máximo o torrão sem cortar as raízes ou deixá-las nuas.

8. Plante-a numa ponta da travessa, inclinando-a ligeiramente pra fora.

9. Cubra as raízes com a misturinha de terra e areia, pressionando de leve pra firmar bem.

CACTO-MACARRÃO

Não tenha medo de cortar o cacto-macarrão, ele enraíza rápido.

MODO DE FAZER (continuação)

10. Repita a operação com as outras rosas-de-pedra, a *Opuntia* e a *Aloe aristata*, posicionando-as sempre bem próximas umas das outras, tombadinhas pra fora da travessa.

11. Use a mesma técnica pra retirar o dedo-de-moça da cuia — não se preocupe se algumas folhinhas caírem, ele é realmente delicado de manipular. Você vai notar que existem várias mudas na mesma cuia, então, corte algumas e plante uma a uma, pra conseguir um bonito efeito de escamas pendentes.

12. Com uma pinça longa ou uma tira de papelão, retire o cacto "Mickey Mouse" da sua toca, digo, vaso. Segure bem pertinho das raízes. Não precisa apertar demais, senão você vai esfolar os tufinhos de espinhos.

13. Com o pincel fofinho limpe quaisquer restos de substrato que cubram as folhas.

14. Regue aos poucos, colocando o bico do regador num espaço que não tenha plantas. Isso evita que as suculentas apodreçam. Coloque água até que ela saia em abundância pelos furos de drenagem e deixe escorrer bem (caso não tenha feito furos, vire o vaso delicadamente pra escorrer o excesso de água) antes de deixar seu arranjo num lugar que receba sol até o meio-dia.

Use uma pinça de papelão pra não se espetar no "Mickey Mouse".

Capítulo 3

ME ESQUECE NO SOL QUE EU AMO

O calor não dá trégua na sua casa? Nem só de cacto vive um jardim ensolarado: você vai ver quanta boniteza dá pra plantar sob o sol

As flores do cosmo-amarelo duram apenas um dia, mas surgem em abundância por muitos meses.

De rachar mamona

Mal os termômetros passam dos 30°C, a gente se refugia em casa, liga o ventilador ou ar-condicionado, apela pra sorvete, banho frio, pés descalços. No alto verão, com a sensação térmica passando dos 40°C em várias cidades brasileiras, muitos não conseguem imaginar que há vida clorofilada lá fora. E, no entanto, os gramados sorriem de folha a folha, felizes por torrar ao sol.

É preciso ter manha pra não desidratar, claro. A grama tem uma fina penugem que segura um pouquinho mais da umidade. Essa é uma estratégia bem manjada por nós, mamíferos — é só lembrar que acumulamos suor na palma da mão, que não tem pelos, por exemplo.

Existem outros segredinhos pra uma planta viver sob sol forte sem sofrer. Ter um tronco grosso e raízes profundas ajuda — que o digam as muitas frutíferas brasileiras, os bambus e as palmeiras, entre tantas espécies de árvores e arbustos de clima ensolarado. Também é uma boa ter folhas menores cobertas por uma camada de resina, exatamente como fazem as cicas e o aspargo-alfinete.

Outra sacada é crescer rasteiro e ter partes brancas ou acinzentadas pra refletir o máximo possível da luz e não superaquecer, solução encontrada pela cinerária. Ou produzir flores "descartáveis", que duram apenas um dia, como é o caso do hemerocali e do cosmo-amarelo.

Ser capaz de armazenar água é fundamental, como você viu no capítulo das suculentas, mas também funciona morar dentro ou bem pertinho de um rio ou lago.

É tanta boniteza ao sol pleno que você não vai querer mais se refugiar em casa num dia quente, não. Desliga esse ar-condicionado e experimenta passar uma tarde num jardim, embaixo de uma árvore. Essa sombra verde é mais fresca, úmida, charmosa e saudável do que a de concreto. E ainda tem o bônus das borboletas.

O SOL NÃO NASCE [IGUAL] PRA TODOS

Por seis meses, fiquei hospedada na casa de uma amiga na Tijuca, zona norte do Rio de Janeiro. Mesmo no inverno, fazia um calor infernal, dando a estranha sensação de dormir dentro de um forno ligado. Como o apartamento estava voltado pro oeste, não batia sol o dia todo (afemaria, imagina se batesse?): às duas da tarde, pá! Lá vinham os raios quentes lamber a parede da sala. Era tão quente, mas tão quente, que mesmo nos dias nublados o jeans molhado estendido no varal secava em poucas horas.

Como pode um lugar não receber sol o dia todo e ser abafado nesse nível? É que sol e calor não são a mesma coisa. Já explico.

Um ambiente que recebe insolação por oito horas diárias é, de fato, um local de sol pleno (nas próximas páginas você vai ver o tanto de planta que ama essa condição de luz). Só que, às vezes, bate sol forte, mas o lugar é fresco, porque recebe muito vento. Nem precisei sair do Rio de Janeiro pra entender isso, bastou ir da Tijuca para Ipanema. Na praia, com a brisa do mar, o verão parece até brando.

Quanto mais venta num local, mais fresco ele fica, mesmo que bata sol o dia todo. Num mesmo prédio pode haver diferença na incidência de luz solar. As coberturas tendem a ser mais quentes do que os apartamentos baixos, mesmo que tenham as janelas voltadas pro mesmo lado.

Agora pensa que o sol nasce pra todos, mas esquenta muito mais nos trópicos do que nos países de clima temperado. No Mediterrâneo, por exemplo, venta muito, e, nos dias mais ensolarados, a temperatura se mantém fresca mesmo no verão. Daí a gente traz o alecrim lá da Grécia e bota o coitado pra crescer no bafo de Manaus e quer que dê certo porque nos dois lugares têm sol pleno. Difícil, né?

Então, experimente isto ANTES de escolher as plantas do jardim: por uns dias, estude o canto da sua casa que será decorado com verde. Bate sol o dia todo MESMO ou só por umas horinhas? Venta? Procure descobrir a que altura do nível do mar está sua cidade — quanto mais alta, mais seca (é só jogar no Google). Junte todas essas informações e folheie as próximas páginas — assim, será mais fácil e certeiro escolher as verdinhas que vão brilhar na sua decoração sem dar muito trabalho. Como dizem os cariocas, seu jardim vai ficar "uma parada sinixxxxtra".

DICAS DE OURO PRA PLANTAS DE SOL FORTE

1 NÃO DEIXE A ÁGUA FUGIR

O substrato perde água e nutrientes muito depressa no sol forte. Então, segure a umidade e a adubação colocando uma grossa camada de palhinhas protetoras nos vasos e canteiros. Lá na p. 54 tem alguns materiais que você pode usar.

2 REFORCE A ADUBAÇÃO COM CÁLCIO

Plantas que vivem em ambiente muito ensolarado consomem quantidades bem maiores de cálcio do que as de sombra. Quedê a casca do ovo amiga pra incluir na forma de pozinho nos vasos? Relembre na p. 46.

3 CUIDADO COM O ESGUICHO ASSASSINO

Você já sabe que regar ao meio-dia é uma fria (contei isso na p. 31, lembra?), mas pode ser que, mesmo no final da tarde, a água parada no esguicho ainda esteja quente. Descarte esse primeiro jato antes de aguar as plantas.

Se casca de ovo faz bem pras plantas, imagina semear direto nela.

PLANTA NÃO É NADA BOBA

Não tem essa de dar adubo de presente, de chamar de "linda", de prometer viagem pra Disney: planta de sol forte não fica bem na sombra. As verdinhas são imunes a chantagem. Algumas espécies de sol pleno até podem se adaptar a um ambiente com um pou-qui-nho menos de insolação, mas a maioria não ficará exuberante se for mantida em local que só tenha claridade (na p. 29 estão as três diferentes condições de luz). O jeito é se conformar que nem adubo nem rega substituem a insolação certa, então escolha uma espécie que seja seu número (dá uma espiada no capítulo 5 pra ver o tanto de planta linda que prefere crescer com menos sol).

REGA PARCELADA SEMPRE COBRA JUROS

Tem quem regue um pouquinho todo santo dia. Isso nunca é bom, como eu falo na p. 31, e com as plantas de sol forte pode ser fatal. É que a água parcelada molha superficialmente, mal chegando às raízes. A planta saca que a umidade fica sempre na primeira camada do substrato e obriga as raízes a crescer PRA CIMA, tornando-se "viciada" em água. Se esqueça de regar um único dia pra ver a zica que dá. Pior: se fizer sol, as raízes fritam e a planta morre. Do nada. Pra resolver isso, regue em abundância, mas poucas vezes na semana ou no mês. Assim, as raízes ficam no escurinho da terra, e fim de drama.

Russelia equisetiformis

DAR MUITA FLOR CANSA

Volta e meia alguém me pede uma "planta de sol que dê muita flor". Milhares de espécies se encaixam nessa descrição, principalmente as asteráceas, da família do girassol, da gérbera e da margarida. O problema é que produzir flores em abundância e por muitos meses esgota as energias da planta. Por isso, a maioria das espécies de sol forte que "dão muita flor" dura poucos meses, sendo chamadas de "planta anual". Toda verdinha de vida curta germina depressa, floresce logo e produz muitas sementes. É bem legal acompanhar esse ciclo completo e ver que elas morrem, mas deixam mil filhas pra enverdecer este mundão.

LAGARTEANDO AO SOL

Espécies de porte baixo ou rasteiro cabem em qualquer lugar ensolarado e ficam bonitas tanto em vasos quanto em canteiros

Aspargo-alfinete

Asparagus densiflorus ["Sprengeri"]

Nativa da África do Sul, tem folhas que parecem plumas, pontuadas de pequenos espinhos, flores brancas e frutinhos vermelhos (que não são comestíveis, hein?!). As raízes formam pelotinhas resistentes, perfeitas pra armazenar água, o que torna o aspargo-alfinete perfeito pra varandas e floreiras onde bata sol forte e vente muito.

Cinerária

Senecio douglasii

Até sem flores a cinerária atrai olhares: sua folhagem toda recortada parece um veludo prateado, uma esperteza da planta pra aguentar tanto o sol forte quanto o vento frio. Quando é podada anualmente, ela fica mais bonita e maciça, criando um contraste e tanto no jardim. E, como se não bastasse, ainda dá flor.

Crossandra

Crossandra infundibuliformis

Suas sementes se espalham tão depressa que a crossandra parece praga. Bom pra quem está começando na jardinagem, afinal "matinhos" assim sabem se virar sem muito paparico. As flores surgem na primavera e no verão, são muito duráveis e só pedem uma coisinha: "Não deixe a gente passar frio!".

Gotas-de-orvalho

Evolvulus pusillus

Os tímidos são os primeiros a reparar nesta plantinha rasteira, que se enfeita com minúsculas flores brancas ao menor sinal de água. Espécie típica do semiárido brasileiro, cresce até em rachadura no asfalto, de tão resistente que é ao sol. Plante em substrato com areia pra ver todo o potencial desta miudeza vegetal.

Grama-amendoim

Arachis repens

É do Brasil esta grama que não é grama nem produz amendoim. Epa, os botânicos estão doidos? Não! Esta espécie (de folhas parecidas com as do pé de amendoim) substitui muito bem o gramado em canteiros de sol forte, e com duas vantagens: não precisa de poda e dá flor! Pra ser perfeita, só se aguentasse pisoteio...

Zâmia

Zamia furfuracea

Taí um produto mexicano que faz tanto sucesso quanto o Chaves. Exagerei? Foi sem querer querendo, mas que a zâmia está em tudo quanto é praça brasileira, isso está. Arbusto quase sem tronco, ela vai bem em todas as regiões do país, do litoral ao sertão, dos pampas ao cerrado. Vai plantar? Isso, isso, isso!

MUITA FLOR NO SEU CANTINHO VERDE

A maioria não dura muito, mas compensa isso florindo como se não houvesse amanhã — antes de morrer, estas plantas deixam mil sementes no chão

Cosmo-amarelo

Bidens sulphurea

Nascida no México, esta simpática flor amarela vive há tantos anos no Brasil que é figurinha frequente em nossos quintais e praças. Pega muito fácil a partir das sementes que produz em abundância quase o ano todo. Cada pezinho dura menos de um ano, mas, mal a planta-mãe começa a secar, as filhas já estão florindo em seu lugar.

Flor-de-coral

Russelia equisetiformis

É uma cena e tanto ver a densa cabeleira verde balançar ao vento, e as florezinhas vermelhas (ou brancas) parecem avisar que tem comida pros beija-flores. Planta pendente muito resistente a sol e vento, ela só precisa de bastante água pra se manter cheia. Fica exuberante em jardineiras e jardins verticais.

Girassol

Helianthus annuus

Imortalizado nos quadros do pintor Van Gogh, o girassol dura pouco fora das telas: da semente ao fim da vida, leva no máximo um ano. Antes de secar completamente, a flor fica com o miolo repleto de sementes, que mal tocam o chão úmido e já começam a germinar. Se você adubar, vem mais e mais girassol por aí!

Ixora (pronuncia-se "ikissóra")

Ixora coccinea var. "Compacta"

É impossível não se apaixonar por este arbusto densamente florido durante quase o ano todo: suas folhas verde-escuras muito brilhantes são o fundo perfeito pra destacar as flores vermelhas, amarelas, rosadas ou brancas, que nascem em grandes buquês. É plantar em casa pra ver borboletas e beija-flores todo dia.

Lírio-de-um-dia

Hemerocallis x hybrida

O nome popular já entrega: cada flor dura apenas 24 horas. No dia seguinte, um novo botão se abre, mantendo a touceira sempre florida. Existe em grande variedade de cores, inclusive com pétalas duplas, bicolores ou franjadas. Plante vários lírios-de-um-dia pertinho uns dos outros pra um máximo efeito "uau!".

Rosa

Rosa x grandiflora

Nem pense em colocá-la numa redoma, como fez o Pequeno Príncipe: a roseira o-d-e-i-a umidade. Aliás, paparico tampouco é com ela, por isso, quanto mais podada, mais se enche de flor. Corte o ano todo pra tirar flores secas e galhos malformados e faça uma poda mais drástica, a uns vinte centímetros do chão, no final do outono.

TREPADEIRAS FLORIDAS PRA COLORIR MUROS

Você vai querer subir mais paredes em casa só pra enfeitá-las com estas verdinhas tão atrativas — como escolher só uma?

Alamanda

Allamanda cathartica

Apesar de tóxica se ingerida, esta flor fez parte das brincadeiras de muitas crianças que usavam as pétalas como vestido de boneca. Nativa do Brasil, dá flor o ano todo: pra ficar bonita, ajude os ramos a se apoiar num muro. Faça mudas cortando galhos saudáveis de dez centímetros e enterrando a ponta em substrato úmido.

Chapéu-chinês

Holmskioldia sanguinea

Manja aquela menina alta e magrela na adolescência que cresceu e encorpou? Pois pro chapéu-chinês ser tipo uma Gisele Bündchen só faltava ser brasileiro: de início um arbusto desengonçado, na primavera ele ganha uma copa densa com flores vermelhas ou amarelas que os beija-flores idolatram. Divo!

Cipó-de-são-joão

Pyrostegia venusta

É em junho que a gente se dá conta da beleza desta trepadeira nativa: o que antes era um amontoado de folhas verde-escuras, de repente se transforma em uma explosão laranja disputada pelos beija-flores. É pouco exigente com adubação e regas — quanto menos chover no inverno, mais exuberante será a florada.

Primavera

Bougainvillea spectabilis

Pode ser que você a conheça por buganvília (ou que não saiba seu nome), mas todo brasileiro já viu uma dessas colorindo os muros. Espécie resistente ao calor, só reclama de água em excesso, que deixa as folhas doentes e manchadas. Tem de todas as cores possíveis — muitas mesmo! —, mas a de florada pink é a que dá mais flores.

Sapatinho-de-judia

Thunbergia mysorensis

Pra ter este sapatinho é preciso um pergolado de material reforçado, mais alto do que o normal. Assim que alcança o topo da estrutura, ele espalha seus grossos ramos, fazendo um belo telhado verde. O impacto, no entanto, ainda está por vir: as hastes florais surgem por baixo, como longos fios pendentes cheios de flores. *.*

Sete-léguas

Podranea ricasoliana

Esta trepadeira australiana ganhou seu nome popular por se alastrar tão depressa quanto fofoca. Olho vivo nessas perninhas capazes de alcançar tantas léguas assim: sem podas, ela fica invasiva e pode sobrecarregar muros e pérgolas. Suas grandes flores cor-de-rosa atraem abelhas e enfeitam a planta por muitos meses.

PRA COMEÇAR UM POMAR VOCÊ SÓ PRECISA DE VASO

Tendo sol forte, água em abundância e um pouquinho de espaço, dá pra colher frutas no pé mesmo morando em apartamento

Amora

Morus nigra

De origem chinesa, a amoreira conquistou a gente há tantas décadas que muitas pessoas juram de pé junto que esta arvoreta é nossa. Pra conseguir um formato mais compacto, plante em vasos grandes e pode os brotos ladrões, como explico na p. 70. Coma logo as frutas: a safra dura pouco e os passarinhos ficam de olho.

Coqueiro

Cocos nucifera

O coco maduro cai na praia e, graças à casca leve, boia no mar, sendo levado pra longe da sombra da planta-mãe. Genial? Tem mais: a água de coco é o alimento que mantém a mudinha viva nas primeiras semanas. Quando o pé tiver seis meses, polvilhe um copo de sal grosso no vaso (ele substitui parte do potássio).

Jabuticaba

Plinia cauliflora

Não tem ninguém que não se derreta ao ver o típico tronco marmorizado cheio de frutinhas pretas. <3 Beberrona, quanto mais água recebe, mais frutos produz. Não deixe faltar adubo orgânico, especialmente se a jabuticabeira estiver em vaso, e cuide pra que não vente demais, já que esta frutífera brasileira aprecia umidade.

Mamão

Carica papaya

Papa-léguas das frutas, frutifica nove meses após o plantio e vai até em vasos (de uns cinquenta centímetros de altura). Em clima quente e úmido, a polpa fica mais doce. Mamoeiros podem ter só flores masculinas (parecem um chafariz), femininas (ovais e pontudas) ou hermafroditas (ovais e gordinhas), mas só as últimas rendem bons frutos.

Pitanga

Eugenia uniflora

O tronco que solta lascas, as flores perfumadas, a folhagem brilhante, o porte compacto, a copa que fica com formato de bolinha só com algumas podas — não faltam motivos pra pitangueira ter se espalhado do Brasil pro mundo. E repara que eu ainda nem falei das frutas. Taí uma frutífera boa pra plantar em calçadas.

3 PLANTAS ESPAÇOSAS QUE DÃO O QUE FALAR

Há muitas espécies de árvores e arbustos que podem crescer em vasos: estas três são bem fáceis de cuidar e identificar

Candelabro

Euphorbia trigona

Nativo da Indonésia, este cacto chega a três metros de altura, e folhinhas verdes ou roxas cobrem seus espinhos. Quando cortado, solta uma seiva branca que pode dar alergia na pele ou ser tóxico pra animais de estimação. Na Índia, essa seiva é usada em emplastros contra reumatismo, olha só! Aguenta meses sem água.

Ipê-amarelo

Handroanthus chrysotrichus

De afta a picada de cobra, não há problema de saúde que os índios não resolvam com a casca do ipê. Típica do cerrado e da Mata Atlântica, esta espécie chega a dez metros de altura na mata, mas fica bem menor nas calçadas, daí ser tão comum nas cidades. No inverno, perde todas as folhas e então, tchanam!, se cobre de flores.

Iuca

Yucca guatemalensis

Devagar se vai longe é o lema deste arbusto da Guatemala que cresce poucos centímetros por ano, mas alcança seis metros e vive tanto quanto uma árvore. Excelente cerca viva, cresce em solo ácido e arenoso. Não plante perto de muros e calçadas: suas raízes destroem pavimentos e tubulações.

Jardim vertical

Vermiculita é um grânulo que estufa na presença de água; compre em garden centers.

INGREDIENTES

4 mudas de aspargo-alfinete

1 muda de grama-amendoim

4 mudas de flor-de-coral

9 vasos plásticos pretos do tipo meia-lua (com uns 10 cm de largura cada um)

2 kg de substrato pra mudas

250 g de vermiculita

18 abraçadeiras de náilon pretas de tamanho médio (tem em casas de material de construção)

tesoura de poda

1 treliça de arame de 0,5 m^2 (compre em um garden center; evite as de bambu ou madeira, que apodrecem rápido)

regador de bico fino e água quanto baste

MODO DE FAZER

1. Aperte levemente as bordas das cuias de plantas pra retirar o torrão com as raízes o mais intacto possível. Cuidado pra não se espetar ao manusear o aspargo-alfinete. Deixe as plantas fora das cuias, em cima de folhas de jornal ou de uma lona.

2. Encha os vasos em forma de meia-lua com um dedo de substrato. Acrescente 1 colher (sopa) de vermiculita a cada um, misturando bem pra incorporar (esse é o truque pro jardim vertical dar pouco trabalho nas regas).

Rendimento:
O meio metro quadrado mais verde e vivo da sua casa

Validade:
Vários anos de "Que parede linda!"

ingredientes

Menos trabalho nas regas!

Jardim vertical

Não bate tanto sol na sua parede? Use este mesmo passo a passo com as plantas pendentes de sombra ou meia-sombra dos capítulos 4 e 5.

MODO DE FAZER (continuação)

3. Passe as plantas pros vasos em meia-lua e preencha as laterais com mais substrato, sem deixar que a terra ultrapasse a borda do vaso. Se for preciso, "amasse" um pouco o torrão com as raízes pra ele se acomodar melhor ao formato do vaso de parede.

4. Pressione levemente o substrato pra firmar as plantas. Se houver raízes aparentes, talvez seja preciso acrescentar mais substrato ou posicionar o torrão um pouco mais fundo.

5. Pegue um par de abraçadeiras de náilon e passe cada uma até a metade pelos furinhos que o vaso tem na parte reta.

6. Posicione o primeiro vaso meia-lua num dos cantos superiores da treliça. Passe a abraçadeira pela grade, trave o fecho e puxe o máximo que conseguir. Repita a operação com a outra abraçadeira, firmando o primeiro vaso.

7. Faça o mesmo com o resto, misturando as plantas a gosto. Deixe os vasos o mais próximo possível uns dos outros.

8. Regue tudo abundantemente nas primeiras semanas, até notar que as plantas começaram a produzir brotos. Depois dessa fase inicial, siga o truque de rega do dedômetro, que está na p. 31.

Você vai se surpreender ao notar como é fácil conseguir aquele efeito de parede verde que faz tanto sucesso nos programas de decoração.

Capítulo 4
UM JARDIM INTEIRO COM SOL PELA METADE

Se há luz solar batendo nas plantas apenas por algumas horas do dia, aqui estão algumas espécies de meia-sombra perfeitas pra começar um cantinho verde

O dia em que a casa caiu pra jiboia

Tá lá a jiboia agarrada à árvore, tendo a umidade do tronco como amiga e a sombra fazendo cafuné nela. Nem nota o sol de rachar, porque as folhas formam um dossel e deixam passar só a claridade. Vento? Pra que se incomodar com isso se ali, no cantinho dela, o clima é fresco?

Esta seria a jiboia mais pacata do mundo, não fosse um detalhe: a árvore em que ela resolveu se abrigar perde as folhas no inverno, ficando com TODOS os ramos expostos ao sol, ao vento e ao frio. Vixe… E agora?

Pois é, nem tudo é luz ou sombra. Tá tranquilo, tá favorável num dia e, no outro, não. Se esta jiboia fosse uma cobra, com certeza procuraria um novo esconderijo. Mas estou falando da trepadeira de folhas rajadas tão comum nos parques brasileiros. (Tá morrendo de curiosidade? Veja na p. 167.)

Como não anda (nem rasteja), nossa jiboia encontrou uma solução ao longo de milhões de anos: se adaptar. Ela gosta de crescer à sombra, mas também topa receber sol por algumas horas do dia. Planta flex, manja?

Aceitar condições ligeiramente diferentes de luz, vento e umidade é o que torna uma planta apta a crescer à meia-sombra. É claro que ela pode fazer exigências. Algumas preferem o sol da manhã. Outras aguentam o sol forte da tarde se estiverem em substrato úmido. E há as que realmente não ligam, desde que a "queimação" não ultrapasse certo número de horas.

Nas próximas páginas você vai encontrar uma seleção de espécies de meia-sombra. Escolhi algumas das mais fáceis de encontrar e também as que são generosas com quem está começando a plantar. Existem muuuuitas outras. Então, na jardinagem da vida real, ao encontrar uma planta nova, vá colocando o vaso pouco a pouco em lugares mais ou menos ensolarados pra tirar suas próprias conclusões. ;)

UÉ, MAS É DE SOL OU DE SOMBRA?

Fui almoçar num bairro de São Paulo cheio de casinhas antigas, daquelas com ladrilho vermelho no chão e jardim bagunçado. Tinha roseira, antúrio, pinheirinho de Natal, mil vasos de plástico no chão e violetas-africanas no parapeito. Antes que a nostalgia tomasse conta de mim, dei de cara com um cróton. Três metros de altura de folhas vermelho-amarelo-laranja-marrom-desenhadas-tudo-junto-misturado.

Vou te contar uma coisa, é impossível passar ilesa a um cróton adulto. Esse arbusto é uma escola de samba inteira. A passista, a ala das baianas, a rainha da bateria, todas lá, crescendo no jardim. As folhas envernizadas têm cores tão vibrantes que parece que a planta está pegando fogo.

Isso foi uns cinco anos atrás, mas me lembro de ter tomado um susto, não porque nunca tivesse visto um cróton, mas porque não fazia ideia de que ele conseguia crescer sob o sol forte.

Os crótons fazem parte do grande grupo de folhagens coloridas do gênero *Codiaeum*. No Brasil, costumam ser produzidos em estufas sombreadas, o que facilita o cultivo, melhora o aspecto das folhas e ajuda na padronização das plantas. Acontece que esse arbusto é nativo das áreas ensolaradas da Índia, da Malásia e das ilhas do Pacífico — isso mesmo, ele é de sol!

Apesar de ter crescido a vida toda em local só com claridade, a mudinha do cróton aqui do Brasil "sabe" que é uma espécie de sol e está geneticamente preparada pra voltar a crescer na luz máxima se a gente der pra ela o tempo de que precisa pra se aclimatar. Esse processo, chamado de "rustificação", é um segredinho bem guardado de muitas espécies consideradas de meia-sombra: no fundo, no fundo, elas são de sol (ou de sombra, como a jiboia da página anterior).

Tudo isso pra dizer que o jeito é ficar de olho no seu cantinho verde e observar as plantas de perto, um pouquinho por dia, pra ver os primeiros sinais de que a luz está inadequada ou a rega, insuficiente. E é preciso olhar de forma amorosa, com o coração aberto à surpresa. Porque a gente nunca sabe quando vai topar com um cróton do outro lado da rua.

DICAS DE OURO PRA PLANTAS DE MEIA-SOMBRA

(1) ANDE UMA "CASA" POR VEZ

Não é da noite pro dia que a planta de sol se adapta à sombra, ou vice-versa. Pra evitar dramas vegetais, mude o vaso de lugar um pouco a cada semana. Se surgirem problemas, sussa, não precisa começar do zero: só volte uma casa no tabuleiro.

(2) ILUMINE MAIS AS FOLHAS CLARAS

Vem cá aprender uma palavrinha nova: *variegatum* (no aportuguesado, "variegado"). Toda planta variegada nasceu com uma mutação que deixa parte das folhas esbranquiçadas ou amareladas — o que as torna mais fãs de sol do que as verdes.

(3) SAIBA RECONHECER OS DOIS TIPOS DE SOL

Você já sabe que regar ao meio-dia é uma fria (contei isso na p. 31, lembra?), mas pode ser que, mesmo no final da tarde, a água parada no esguicho ainda esteja quente. Descarte esse primeiro jato antes de aguar as plantas.

Folhas de cróton Codiaeum variegatum

BAIXINHAS, FLEXÍVEIS E VALENTES

Tem forração, espécie pendente, arbustiva, colorida e até "grama" que não faz gramado
(mas funciona onde muita gramínea não fica bonita)

Asa-de-anjo

Pilea spruceana

Não passa de vinte centímetros este anjo de "asas" verdes e prateadas. Seu porte pequeno é inversamente proporcional à sua "bondade": esta folhagem originária do Peru protege os solos à meia-sombra, mantendo a umidade. E ainda dá pra fazer o milagre da multiplicação dos anjos tirando as mudas que surgem na planta-mãe.

Grama-preta

Ophiopogon japonicus

Ela nem é grama nem é preta: foi por seu porte baixinho e pelo verde-escuro de suas folhas que acabou sendo conhecida. É a pessoinha certa pra colocar embaixo das árvores, exatamente onde a grama comum não cresce por falta de luz. Gosta de umidade e de sol da manhã.

Samambaia-havaiana

Nephrolepsis exaltata var. "Marisa"

Olhe pra ela de perto e você vai pensar que é um bambuzal em miniatura: as folhas lembram os tufos de uma touceira de bambu. Além disso, as duas plantas amam umidade! As semelhanças, claro, terminam aí: esta moça precisa de sol fraquinho pra crescer e cabe em qualquer canto. Já o bambu...

Tapete-inglês

Polygonum capitatum

Muro de pedra e fenda de parede são um prato cheio pro tapete-inglês se espalhar como quem não quer nada. Primeiro, surgem as folhas pequeninas, com um "V" verde-escuro desenhado, sua marca registrada. Depois, pipocam aqui e ali as curiosas flores em forma de bolinhas, quase um brinquedo. É muita fofura!

Trapoeraba-roxa

Tradescantia pallida var. purpurea

É um dos roxos mais usados no paisagismo. À meia-sombra, as folhas se mantêm mais claras, mas, no sol forte, a coloração ganha intensidade e fica quase magenta. Pega fácil de pedacinhos de ramos espetados no substrato úmido e bem adubado. Produz pequenas flores lilases, um mimo extra pro jardineiro atento aos detalhes.

Xanadu

Philodendron xanadu

Parece ter surgido do casamento de um guaimbé com uma costela-de-adão, de tão recortadas que são suas folhas em miniatura. Faz uma touceira bem compacta se mantida no sol forte, mas, à meia-sombra, se estica e quase chega a um metro de altura. Plante em grupos pra explorar todo o charme desta linda folhagem.

FLOR PRA ONDE NÃO BATE SOL O DIA TODO

É tanta planta bonita, florida e de cultivo amigo que não tem mais desculpa pra não deixar a casa enfeitada o ano todo

Amarílis

Hippeastrum hybridum

Ah, a mania de invejar o gramado do vizinho: a gente mal dá pelota pra amarílis, mas, no exterior, ela faz sucesso como a "tulipa brasileira". As folhas nascem de uma cebolona que fica no solo, mas dá flor só uma vez; no ano seguinte, produz cebolinhas que também darão flor, e por aí vai. Não regue muito no inverno.

Bulbine

Bulbine frutescens

Lembra a cebolinha, com seu porte baixo e suas folhas finas e cilíndricas, mas as semelhanças acabam aí. Além de não ser comestível, fica cheia de flores alaranjadas quase o ano todo (sorte das borboletas!). Boa escolha pra quem não tem muito tempo pra se dedicar ao jardim, já que precisa de pouca água e não exige muitos cuidados.

Cana-de-macaco

Dichorisandra thyrsiflora

O nome popular não faz jus à elegância deste arbusto brasileiro: do alto de suas largas folhas verde-escuras surgem espigas azuis ou arroxeadas compostas de muitas florzinhas de miolo amarelo. Fica lindo quando cultivado de montão, acompanhando um muro ou parede sem charme, em substrato com boa umidade.

Estrela-de-natal

Scadoxus multiflorus

É impossível não se impressionar com a florada desta planta, que nasce de um bulbo escondido embaixo da terra. São mais de cem pequenas flores criando grandes bolas avermelhadas. Elas surgem no final da primavera, justamente quando a folhagem está feia e seca, como um prêmio de consolação pro jardineiro paciente.

Falso-íris

Neomarica caerulea

Muitos confundem esta flor com uma orquídea, mas o azul de suas pétalas já dá a pista de que o falso-íris também é uma orquídea falsa (falo disso na p. 238). Com quase 1,4 metro de altura, ela dá flor o ano todo, desde que esteja em solo fértil e úmido e receba de quatro a oito horas de sol por dia.

Tritônia

Crocosmia x crocosmiiflora

Nas cidades serranas do Sul e do Sudeste do Brasil, a tritônia surge sem ser convidada, aproveitando o descuido do jardineiro. Antes de sair arrancando a moça como se fosse mato, pare e olhe a delicadeza das flores, pequenas estrelas de fogo. Veja a dança suave que suas folhas fazem ao vento. Ela vai conquistar você.

POUCO SOL, MAS MUITA COR

Tem flor, folhagem e até bromélia nesta seleção de espécies resistentes a meia-sombra; todas são fáceis de cuidar e têm coloração intensa

Agapanto

Agapanthus africanus

O azul é uma cor tão rara no mundo vegetal que muitas plantas são geneticamente impossibilitadas de chegar a esse tom, como é o caso das orquídeas (tá lá na p. 238 a explicação). Sorte a do agapanto, esta densa touceira da África do Sul, que consegue produzir flores azuis (ou brancas) sem esforço, durante todo o verão.

Bromélia-zebra

Aechmea chantinii

Comum em toda a América do Sul, esta bromélia chama atenção pelo contraste entre suas folhas listradas de prata, verde e roxo e sua haste floral, que lembra uma explosão de fogos de artifício vermelhos e amarelos. \o/ Mantenha o "copinho" localizado no meio das folhas sempre com água. Aguenta temperaturas abaixo de zero.

Camarão-vermelho

Justicia brandegeena

Esta planta é uma pegadinha: não vem do mar, não é vermelha e o que parece flor, advinha só, não é. O nome popular vem das brácteas ("O que é isso, Carol?"), folhas diferentonas que atraem o polinizador pras flores, neste caso, brancas, pequenas e sem graça. Bom, graciosas pro beija-flor, que ama camarão-vermelho.

Confete

Hypoestes phyllostachya

Quem foi que disse que só flor traz colorido pro jardim? Taí o confete que não me deixa mentir: tem variedades de folhas verdes, vermelhas e rosadas, todas com as características pintinhas que são o charme desta espécie nativa de Madagascar. Mantenha o porte compacto da folhagem podando os ramos regularmente.

Cordiline

Cordyline fruticosa

Tem da verde, mas bapho mesmo é a cordiline roxa, que vai assombrar qualquer um que visitar você. Plante em vaso ou no chão, mas junte várias delas no mesmo canto pra criar um efeito denso e potencializar o momento "uau!". Ao contrário da maioria das plantas de folhas largas e finas, esta aceita frio (bem, o frio brasileiro, é claro).

Tinhorão

Caladium x hortulanum

Rosa, branco, vermelho, rajado, o tinhorão nunca devia ter "saído de moda". Folhagem brasileira que passou anos rejeitada por ser tóxica se ingerida, ela está voltando aos jardins graças a sua beleza e rusticidade. Não custa lembrar que o tinhorão é de ver, não de comer (alô quem tem criança pequena, cães ou gatos).

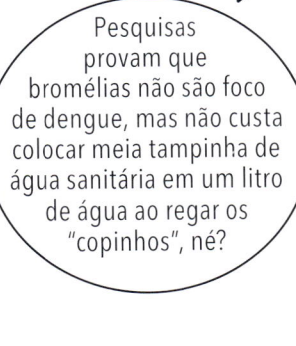

Pesquisas provam que bromélias não são foco de dengue, mas não custa colocar meia tampinha de água sanitária em um litro de água ao regar os "copinhos", né?

CABELEIRA PRA BAIXO OU PRA CIMA?

Aqui estão espécies de densa folhagem, de crescimento pendente ou trepadeiras exuberantes, que escalam muitos metros sem perder o fôlego

Corações-emaranhados
Ceropegia woodii

Vem do Zimbábue esta suculenta de cabeleira repleta de coraçõezinhos, com flores em forma de estranhas garrafinhas peludas. Embora se reproduza facilmente com alguns raminhos espetados na terra, leva muitos anos pra ficar cheia. Mantenha em local de claridade intensa, que receba sol no período da manhã.

Costela-de-adão
Monstera deliciosa

Suas folhas são mundialmente famosas e decoram de roupas a papéis de parede. Como boa celebridade, guarda segredos que só são conhecidos na intimidade. Suas flores perfumadas viram frutos com gosto de abacaxi e banana. Cuidado pra não confundir com o tóxico guaimbé (*Philodendron bipinnatifidum*).

Jiboia
Epipremnum pinnatum

Plantada em vaso, cresce pendente, mantendo as folhas pequenas, em formato de coração. Experimente deixar que trepe em muros ou árvores pra ver como fica diferente: as folhas passam de meio metro e se tornam redondas e rajadas. Vai bem à meia-sombra e até em locais só com claridade.

VINDAS AO MUNDO PRA CAUSAR

Garanta um vaso grande ou um espaço generoso no jardim pra que estas espécies
possam crescer sem dar trabalho a quem está começando na jardinagem

Areca-bambu
Dypsis lutescens

A areca se tornou uma palmeira tão cultivada no Brasil que aparece em qualquer paisagem, da praça no interior do Paraná às praias do litoral nordestino. Nativa de Madagascar, ela cresce em vaso ou canteiro, no sol forte, à meia-sombra e até em local só com claridade. Com o tempo, forma touceiras cheias de plantas-filhas.

Cróton-king
Codiaeum variegatum var. "King"

Este cróton não ganhou sua coroa à toa: suas folhas finas, onduladas e abundantes são amarelas, verdes e acobreadas, com sardas bege, brancas e rosadas. Coloque-o num vaso perto de uma janela onde bata sol pela manhã pra ver como nós, meros mortais, nos curvamos à realeza deste arbusto espetacular. Vida longa ao rei!

Mil-cores
Breynia disticha

Sozinha, já é um acontecimento, com suas folhas que misturam nuances de verde com manchas cinza, brancas, bege e rosadas. Em grupo, no entanto, não dá pra resistir à beleza deste arbusto das Ilhas dos Mares do Sul. A variedade de folhas mais avermelhadas gosta mais de sol do que a de folhas mais claras.

Vaso quebrado

Este projeto mistura as espécies de meia-sombra com plantas do capítulo anterior que também crescem com algumas horas a menos de sol.

INGREDIENTES

1 vaso de barro quebrado com uns 40 cm de altura

1 bandejinha de isopor

folhas de jornal ou de papel-toalha (aquele de cozinha mesmo)

3 kg de substrato pra mudas

cacos de barro de tamanhos variados (podem ser de diferentes vasos)

1 barba-de-moisés verde-escura (cuia 13; tem na p. 120)

1 caixa de musgo verde

3 confetes (em potinhos de hidrocultura, à venda em garden centers)

1 cinerária (muda de saquinho; veja na p. 141)

1 samambaia-havaiana (hidrocultura)

1 árvore-da-felicidade (pote 11; tem na p. 192)

2 mudas de grama-preta (vêm em saquinhos)

1 palito longo (de churrasco ou de comida japonesa)

1 rolha

1 folha de papel

½ copo de areia bege (compre em lojas de artigos pra floristas)

1 pinça

1 miniatura de cavalinho (tem em lojas de brinquedos)

cola instantânea

regador com água quanto baste

Rendimento:
1 "cavalo" feliz com muito pasto pra explorar

Validade:
1 ano ou até que as plantas peçam mais espaço

ingredientes

MODO DE FAZER (continuação)

1. Pegue o vaso quebrado e faça uma camada de drenagem de mais ou menos três dedos de espessura picando a bandejinha em pedaços médios. Cuidado pra não vedar totalmente os furos do vaso.

2. Coloque algumas folhas de jornal ou de papel-toalha por cima do isopor, pressionando bem.

3. Acrescente o substrato pra mudas criando uma camada de uns três dedos de espessura em cima do jornal.

4. Pegue um caco grande de barro e faça uma parede interna no vaso quebrado, colocando mais um pouco de substrato.

5. Tire a barba-de-moisés da cuia em que veio, pressionando as bordas de leve pro torrão de raízes sair mais fácil. Plante na parte mais inclinada do vaso quebrado, deixando livre o outro lado da parede falsa.

6. Coloque um caco médio na parte vazia da parede falsa, fazendo um degrau. Firme com substrato.

7. Por cima do degrau, acrescente um tico de substrato e uma faixa de musgo verde, rasgando os blocos com os dedos, se preciso (ele enraíza superfácil, não se preocupe!).

8. Repita os dois passos anteriores até formar uma escada que termine na mesma altura da parede falsa. Complete o meio do vaso com substrato, pras plantas enraizarem bem.

9. Faça uma touceira colorida com o confete, cavando um buraquinho ao lado da barba-de-moisés. Quando ela vem em potinhos de hidrocultura, é bem fácil replantá-la.

MODO DE FAZER (continuação)

10. Coloque mais substrato na parte superior do vaso. Plante a cinerária, a samambaia-havaiana, a árvore-da-felicidade e a grama-preta, criando um cenário que pareça uma paisagem natural, com suas mudanças de cor e ondulações de terreno.

11. Cuide do acabamento: veja se as mudas estão bem plantadas. Espete a rolha no palito e use essa "ferramenta" pra pressionar o substrato em torno das raízes das plantas e no lugar em que desenhou a estradinha.

12. Enrolando uma folha de papel, faça um funil de bico fino e despeje a areia bege aos poucos pra fazer a estradinha.

13. Usando a cola instantânea, grude no centro da estradinha o cavalinho (não me vá colar seus dedos, hein?).

14. Esconda a base dele com mais areia e regue o arranjo todo. Deixe num local que receba umas quatro horas diárias de sol. =) E mantenha o cavalinho bem alimentado!

uso esta "ferramenta" também na p. 197.

Deixe um espaço entre as plantas pra desenhar uma estradinha de areia.

Capítulo 5

UM VERDE AMIGO PRA DENTRO DE CASA

Janela só com claridade, parapeito da cozinha voltado pro Sul, bancada do banheiro com luz difusa... Não faltam lugares bons pra colocar plantas de sombra

Beleza verde para quem enxerga detalhes.

Uma folha que vale por mil flores

Sempre achei que a culpa de eu enxergar beleza nas folhas era de ser muito míope. Com sete graus em cada olho, comecei a usar óculos quando tinha onze anos. Até lá, meus passatempos eram ler, desenhar e fugir de tudo o que envolvesse bolas, já que elas pareciam mirar meu rosto.

Criada em apartamento a infância toda, eu descia pro pátio do prédio munida de lupa, um presente do vovô. Era com aquele olho mágico que eu fugia pro canto mais sombreado do jardim, me acocorava perto de um formigueiro e "via a pele da terra".

Descobri que caracol é água com quatro olhos. Que a aranha papa-moscas faz uma cara engraçada ao fugir e que a grama segura mil gotinhas de orvalho com seus "pelos". E que os fungos bordam as folhas secas pra dar rendas de presente pra terra.

Fugir da obviedade das flores é o primeiro passo pra descobrir o coração do jardim. Ele pulsa à sombra da calateia-pena-de-pavão, com suas folhas perfeitamente riscadas de verde-escuro sob um luminoso verde-claro. Olhe as cores da "Triostar" e repare como os rasgos brancos na frente da folhagem casam certinho com o lilás do verso.

Tomara que você encontre uma trapoeraba-peluda; toque sua delicada penugem e repare no fio rosado que contorna a borda dessa linda planta das matas brasileiras. Observe as pinceladas ligeiras que enfeitam a maranta-cascavel (mas fique tranquilo, ela não é agressiva).

Não deixe de conhecer de perto as nervuras em alto-relevo da folhagem brilhante que leva o nome do paisagista brasileiro Roberto Burle Marx, um dos maiores entusiastas do uso de plantas tropicais nos projetos de parques e praças, que via a alma do jardim como poucos. Ele também tinha um problema de visão, o que me leva a crer que foi a calateia quem lhe sussurrou tantos segredos de jardinagem.

JARDIM DE SOMBRA NÃO PRECISA SER SOMBRIO

Este deveria ser o primeiro capítulo deste livro. Estou ficando craque em jardinagem telepática e isso tem me mostrado que a maioria dos jardineiros que matam cactos tenta cultivar uma planta DENTRO de casa, em local SEM SOL. Ahá, olha você fazendo aquela cara de "Putz, me pegou...". S-a-b-i-a!

Em vez de ir direto pras plantas de sombra, no entanto, você talvez achasse que jardim só se faz com flor e, suspeito, começou a folhear este livro fuçando a turma da rosa e do girassol. É possível que tenha se tocado de que essas plantas não ficarão felizes longe do sol forte e então pulado pros capítulos de horta ou meia-sombra, na esperança de encontrar o jardim dos sonhos por aquelas páginas. Qual o quê...

E agora estamos aqui, só nós três: eu, você e sua frustração por não conseguir ter um cantinho verde em casa. Então, a primeira coisa que eu preciso dizer é que as plantas de sombra não são um prêmio de consolação que a natureza concede aos pobres coitados não abençoados pelo sol. Jardim de sombra não precisa ser um lugar sombrio, triste e sem vida, não.

Ó, e se eu contasse que muitas das samambainhas mais simplórias que a gente vê por aqui foram dadas de presente a reis e rainhas europeus? Pois é, elas arrancam suspiros de quem mora nos países frios até hoje, e há áreas especiais pra mata tropical nos maiores jardins botânicos do mundo. Pra eles, "mato" é tulipa, lavanda e outras flores que idolatramos.

É tudo uma questão de ponto de vista. Um jardim em pleno vigor, bem plantado e cheio de contrastes é lindo de ver. Mesmo que só tenha folhagens. Então, chega desse papo de "nenhuma planta cresce na minha mão" e vamos juntos encontrar sua melhor amiga clorofilada de sombra. Pode ser que ela não seja exatamente verde — que tal roxa, prateada ou cheia de sardas brancas?

DICAS DE OURO PRA PLANTAS DE SOMBRA

(1) REGUE PRA MANTER ÚMIDO, NÃO PRA ENCHARCAR

Por crescerem bem dentro de casa, plantas de sombra ganham os vasos mais bonitos — quase sempre sem furo embaixo. Antes de regar, verifique se o substrato secou na superfície, evitando assim que se forme uma "piscina" no fundo do vaso.

(2) PROTEJA DE VENTO E AR-CONDICIONADO

A maioria das espécies deste capítulo tem as folhas largas e finas, geneticamente pensadas pra locais úmidos. Se sua planta está mirrada, com as pontas das folhas secas, coloque o vaso em local protegido de ar-condicionado e correntes de ar.

(3) DÊ ESPAÇO PRAS BAIXINHAS

Folhagens rasteiras ou de forração costumam se alastrar depressa, produzindo mudas a partir de brotações diretas da raiz. Leve isso em conta ao calcular o tamanho do vaso ou do canteiro, evitando assim muitas podas de manutenção.

UMA PALAVRINHA SOBRE TERRÁRIOS

O primeiro terrário surgiu em 1830, quando o inglês Nathaniel Ward colocou terra e casulos num vidro fechado e descobriu, meses depois, que um matagal tinha crescido ali dentro. Logo surgiram os primeiros ecossistemas feitos em caixas de vidro, com folhagens simulando uma floresta tropical em miniatura.

Como as plantas não morrem fechadas num vidro? É que elas têm tudo de que precisam pra crescer: ar, água, luz e nutrientes. Se a gente monta direitinho o ecossistema, ele se equilibra em poucos meses e nem precisa mais de rega — procure na internet "terrário + antigo" e você verá a felicidade do velhinho que cria uma floresta num garrafão desde 1972.

Agora vem a parte difícil de acreditar: terrários não podem ser feitos com suculentas. Por ficarem SEMPRE FECHADOS, se você tentar colocar plantas gordinhas e de sol num vidro elas vão apodrecer depois de algumas semanas, infelizes por viver sem sol e ter de lidar com tanta umidade no ar. Teste pra ver.

Ah, e não caia nessa de "terrário aberto" — se está num vidro aberto é um arranjo, não um terrário. Agora, se você não vê a hora de fazer uma florestinha com as próprias mãos, o passo a passo da alegria está lá na p. 196.

LANCE UMA LUZ PRA ESTES HERÓIS DAS SOMBRAS

MUITO resistentes, estas folhas crescem (quase) em qualquer lugar, sem reclamar se você as deixar uns dias sem água

Aspidistra

Aspidistra elatior

Duro saber qual das variedades é mais bonita. A de folhas listradas? A de pintinhas brancas? Folhagem chinesa muito usada em arranjos florais, a aspidistra cresce linda até em ambientes sem sol, desde que seja mantida em substrato úmido e fértil. Plante em vaso, em local de muita claridade ou em canteiros embaixo de árvores.

Café-de-salão

Aglaonema commutatum

Das florestas das Filipinas e da Indochina vem esta planta de sombra que não passa de oitenta centímetros, daí ser frequente na decoração de interiores. Como muitas folhagens, esta também é tóxica se ingerida, mas vale criá-la em casa se você não tiver crianças nem animais de estimação: as folhas são ricamente desenhadas, um luxo da natureza.

Singônio

Singonio angustatum

Pra ele não tem tempo ruim. É pra ficar quietinho no vaso? O singônio aceita podas numa boa. Tem espaço pra se esparramar no chão? Bora esticar as folhas esbranquiçadas pela terra fofa e úmida. Opa, apareceu um lugar pra escalar? Aí, sim, você vai ver uma planta feliz: até as folhas ficam diferentes, em cor e formato.

A BELEZA LUMINOSA QUE VIVE SEM SOL

Olha que coisa linda: todas estas folhagens são nativas do Brasil,
o que significa que já vêm prontas de fábrica pra amar o clima quente
e úmido que temos por aqui

A maioria das espécies destas páginas é da família *Marantacea* e detesta ficar com sede: se notar folhas caídas ou enroladas, regue-as!

Calateia-pena-de-pavão
Calathea makoyana

Nem vou tentar posar de imparcial, não: esta é uma das minhas plantas preferidas no mundo. Com suas folhas arredondadas que mal passam dos trinta centímetros, cabe em qualquer cantinho. Olhe uma folha na contraluz pra ver o belo padrão reticulado, uma das características do grande e variado grupo das calateias.

Calateia "Triostar"
Stromanthe thalia var. "Triostar"

Os termos científicos de algumas plantas são tão complicados que muitos se referem a elas pelo nome da variedade criada em laboratório, como é o caso da "Triostar". Da Bahia ao Paraná, toda a faixa de Mata Atlântica tem touceiras desta folhagem, muito parecida com a maranta-variegada (*Ctenanthe oppenheimiana*).

Maranta-bigode-de-gato
Maranta leuconeura var. "Erythroneura"

Acho um mistério o fato de esta planta brasileira fazer mais sucesso nos Estados Unidos do que aqui. Tem como olhar essas folhas sem se surpreender com tantos detalhes? As brotações são verde-claras e a folhagem adulta assume uma cor verde-musgo quase azulada, com uma mancha clara central e nervuras vermelhas. Uau!

Maranta-cascavel
Calathea lancifolia

Ela não pica, não rasteja nem tem guizos, mas com MUITA criatividade dá pra achar que as folhas lembram o rabo da cobra (ó eu tentando explicar a maluquice dos nomes populares). A folhagem parece pintada à mão, com pinceladas verdes e ondulações. Como não suporta frio e cresce devagar, plante em cidades quentes.

Maranta-zebrada
Ctenanthe burle-marxii

Existem várias plantas tropicais batizadas em homenagem a nosso grande mestre paisagista, mas esta é provavelmente a mais desenhada. Nativa da região de Mata Atlântica do Espírito Santo, se tornou tão popular que, hoje, é cultivada em qualquer jardim sombreado que tenha solo fofo, fértil e com boa umidade.

Trapoeraba-peluda
Siderasis fuscata

As folhas grandes e macias da trapoeraba-peluda parecem um veludo verde e dão a esta suculenta um jeitão de bichinho de pelúcia. Do meio da touceira surgem pequenas flores lilases muito duráveis, que as borboletas adoram. Tire mudas dela dividindo as touceiras delicadamente (pingue própolis no corte, pra evitar doenças).

AQUELA CABELEIRA VERDE QUE A GENTE ADORA

Nem xampu nem condicionador: pra manter estas espécies pendentes bonitas,
tudo o que você precisa é garantir luz difusa e banhos regulares

Columeia-marmorata

Aeschynanthus marmoratus

De um lado, a folha é verde-escura e tem estrias
verde-claras que parecem feitas com canetinha. Do
outro, surge um tom meio arroxeado, quase como um
negativo fotográfico. Esta é uma das columeias mais
longas e espetaculares que existem, com a folhagem
passando de dois metros de comprimento

Estas folhagens
ficam bem em painéis
verticais pra ambientes
internos (aproveite o
passo a passo da p. 152
e só substitua as
plantas).

Hera

Hedera canariensis

Um muro coberto com hera fica bonito em qualquer
época do ano. Ao contrário das trepadeiras que exigem
podas de manutenção, esta espécie quase não dá
trabalho, crescendo depressa mesmo nas regiões
de clima frio, onde as folhas ficam com o dobro de
tamanho. Há heras de várias cores e formatos, então
certamente uma vai fazer você feliz.

Samambaia-amazonas

Phlebodium decumanum

As samambaias tinham sumido de cena nas últimas
décadas, mas, com a procura cada vez maior por
jardins verticais, nossas adoráveis folhagens de
sombra voltaram à ativa. Sorte a nossa, já que essas
plantas costumam ser muito fáceis de cuidar.
A samambaia-amazonas tem a folhagem bem
grande e chama atenção.

187

É CLARO QUE EXISTE FLOR DE SOMBRA!

Rústicas, coloridas, fáceis de encontrar e generosas com quem está
começando na jardinagem, estas plantas estão prontas pra nos deslumbrar

Quase todas as folhagens dão flores, mas algumas são tão pequenas e escondidas que a gente mal vê.

Antúrio
Anthurium andraeanum

Muitos o conhecem por seu nome de celebridade da Globo, depois de ter sido mascote do cantor Fábio Jr. em uma novela. Quem te viu, quem te vê: a velha flor-de-jorge-tadeu, vermelha e mirradinha, hoje dá lugar a variedades de mil cores, de floradas enormes, muito usadas em arranjos. Deu certo na carreira solo, né?

Flor-de-cera
Hoya carnosa

"É tão perfeita que parece de plástico!" Toda vez que alguém vê uma flor-de-cera, o comentário é o mesmo, mas, aqui, a culpa nem é só das folhas suculentas. Esta trepadeira australiana é todinha envernizada, até na florada. As flores, aliás, são um show à parte: em forma de estrela, elas se juntam em grandes e duráveis buquês.

Lírio-da-paz
Spathiphyllum wallisii

Tanto a variedade comum quanto a anã e a gigante são resistentes e dão flor quase o ano todo, e são boas pra cultivo em locais úmidos e sombreados. Se conseguir um vidro bem alto, um lírio-da-paz em miniatura pode viver feliz até num terrário (na p. 196 você acompanha o passo a passo pra montar um ecossistema desses).

FORMATOS E TEXTURAS DE GRANDE IMPACTO

Beldades vegetais com as mais variadas formas pra você confirmar ao vivo que um jardim de folhagens não tem nada a ver com mesmice

Antúrio-clarinervium

Anthurium clarinervium

As folhas em forma de coração nascem cor de chocolate, com nervuras verde-claras muito contrastantes, e, com o tempo, ficam ligeiramente ásperas e verde-escuras. Até quem não liga muito pra plantas se impressiona com este antúrio nativo do México. Nos dias quentes, borrife toda a folhagem com água fresca.

Avencão

Adiantum subcordatum

Tanto a avenca quanto este avencão são plantas tipicamente tropicais, fãs de calor, luz difusa e alta umidade. Esta espécie tem cabinhos pretos e folhas grandes, angulosas e rendilhadas nas bordas. Ah, antes que você se preocupe: as bolinhas marrons que se formam na folhagem não são praga nem sujeira: são esporos, um tipo primitivo de "semente".

Begônia-cruz-de-ferro

Begonia masoniana

Originária da Ásia, esta begônia enrugada ostenta uma linda mancha vinho bem no meio dela, um lance meio medieval, com um ar de templários, não acha? Suas flores brancas ficam escondidas pelas folhas. Cuidado pra não molhar a folhagem nas regas, já que ela apodrece com facilidade (evite isso mirando o regador na terra).

Curculigo

Curculigo capitulata

Esta folhagem plissada vira uma touceira verdejante em bordas de muros e canteiros úmidos e sombreados. A valentia do curculigo é tão grande quanto sua capacidade de se espalhar. Não bobeie nas podas: ele quer colonizar o mundo, ocupar dezoito territórios mais a Dudinka (é, eu brinquei muito de War).

Joia-da-amazônia

Alocasia x amazonica

Uns a chamam de alocásia, e nos livros de botânica ela aparece como punhal-malaio (vai entender…), mas é das áreas sem sol forte da Floresta Amazônica que vem esta planta. Com a folhagem toda recortada, verde-escura com nervuras acinzentadas, ela ostenta um interessante brilho metálico.

Zamioculca

Zamioculcas zamiifolia

Suas flores lembram as do antúrio, com aquele "pauzinho" fácil de reconhecer (é ali que estão reunidas as dezenas de microflores). Recolha as sementes surgidas no verão pra criar mudas desta planta que veio da África e parece com um arco verde todo enfeitado. Coloque-a num vaso bonito pra destacar seu desenho natural.

SEM PRESSA PRA CRESCER

Estas três espécies se transformam em arbustos grandes, mas levam tantos anos pra chegar lá que você pode criá-las em vasos sem problema

Árvore-da-felicidade

Polyscias fruticosa e *Polyscias guilfoylei*

Não caia na lábia do vendedor: estas duas plantas vivem numa boa sozinhas. Isso de árvore-da-felicidade "fêmea" e "macho" é papo pra gente comprar as duas espécies. Nos dias quentes, além das regas, borrife água fresca em toda folhagem pra ver a cara de feliz que esse arbusto faz quando tem bastante umidade no ar.

Ficus-lirata

Ficus lyrata

Este arbusto se parece muito com a amendoeira, mas não é tão comum nas praias brasileiras (cá entre nós, pra mim, o fícus-lirata é um pé de couve gigante). Ainda bem que ele nem liga pro falatório e toda semana aparece nas capas de revistas e na casa das celebridades. É a cara da riqueza!

> Tanto o fícus-lirata quanto a árvore-da-felicidade podem ser encontrados à venda desde pequenos, quase mudinhas, até arbustos com mais de dois metros de altura.

Uva-rosa

Medinilla magnifica

Espera só chegar a primavera pra ver: o que era um arbusto comum vira uma planta quase alienígena. Na ponta dos ramos aparecem botões semelhantes a balões, depois folhas especiais se abrem como grandes asas rosadas revelando as flores em forma de bolinhas. Será que ela abduz borboletas?

GARANTA COR NOS CANTOS AONDE O SOL NÃO CHEGA

A natureza parece ter compensado a falta de flores tingindo folhagens com os tons mais belos e surpreendentes da mata; é uma mais linda que a outra

Alocásia

Alocasia reginula "Black Velvet"

"Veludo negro", taí o apelido que os americanos deram pra esta folhagem macia e de um verde quase preto. Seu desenho é menor e muito mais arredondado do que o da outra alocásia, a joia-da-amazônia (que está na p. 191), mas esta espécie também é sensível ao frio e à baixa umidade do ar. Na dúvida, plante as duas.

Begônia-rex

Begonia rex "Beleaf"

Ah, as begônias-rex… São tantas as cores que você vai querer ter uma de cada. Tem vermelha com borda preta, verde pintadinha de branco, prateada com riscos escuros e uma impressionante folhagem pink que parece salpicada com glitter, de tão brilhante. Todas precisam de solo úmido e fértil pra ficar assim, divas.

Cróton

Codiaeum variegatum

Eu já falei do cróton-king, na p. 169, mas aqui quero destacar o tanto de crótons de porte menor que você vai encontrar por aí. Alguns têm as folhas largas, verdes, amarelas ou avermelhadas, outros parecem fitas torcidas, com copa fina, ereta, vibrante. Todos crescem à sombra, desde que fiquem expostos a muita claridade.

Fitônia

Fittonia albivenis

Verde com nervuras brancas, vermelhas ou cor-de-rosa, a fitônia saiu do Acre pra conquistar jardineiros no mundo todo — especialmente quem buscava uma planta de pequeno porte boa pra arranjos e terrários. Ela cresce devagar e produz pequenas espigas floridas se você a mantiver num cantinho úmido e iluminado.

Peperômia-melancia

Peperomia argyreia

Suculenta da Mata Atlântica, esta melancia não é de comer, mas tem folhas listradas muito charmosas. De porte baixo, cresce até 25 centímetros; experimente usá-la em pontos de destaque de jardins verticais ou num canteiro à sombra ou à meia-sombra. Cuidado pra água não empoçar nas folhas depois das regas.

Veludo-roxo

Gynura aurantiaca

Pode ser usado como planta rasteira ou espécie pendente. Cada folha verde-escura é recoberta por pelos roxos que lhe conferem um brilho furta-cor dependendo do ângulo que você observa. Odeia frio e vento — geada, então, mata a moça. Deixe onde ela possa se esparramar à vontade.

Minifloresta dentro do vidro

passo a passo

Não use vidro reciclado nem esverdeado: eles trincam com a diferença de temperatura dentro e fora do terrário.

INGREDIENTES

esponja, sabão de coco e jornal (pra limpar o vidro)

1 vidro de uns 40 cm de altura com tampa (e boca larga o bastante pra sua mão passar)

500 g de seixos médios previamente lavados (compre em garden centers)

1 caixa de musgo verde

1 pincel longo e peludinho (pode ser de maquiagem!)

1 saco de esfagno (encontrado em orquidários)

1 baldinho com água

1 palito longo (de churrasco ou comida japonesa)

1 rolha

1 kg de areia bege (não use a da praia, que tem sal; compre em lojas de floristas)

1 kg de areia marrom (tem no mesmo lugar da areia bege)

1 kg de substrato pra mudas

1 calateia-makoiana (pote 6)

1 begônia-rex (pote 15)

1 frasco de extrato de própolis (falei dele lá na p. 58)

1 fitônia vermelha (cuia 13)

1 tronco ornamental (tem uns lindos em lojas de aquário)

2 tilândsias pequenas (são bromelinhas que vivem em árvores; pegue no chão das praças depois de um temporal)

1 pinça

1 pedaço de musgo preservado vermelho (tem em lojas de artigos pra floristas)

pedrinhas de quartzo a gosto

1 seringa de 20 ml sem agulha (compre em farmácias ou pet shops)

Rendimento:
1 microfloresta pra chamar de sua

Validade:
décadas! (o.k., talvez você tenha de podar uma coisa aqui, outra ali)

Palito + rolha = utensílio mágico.

MODO DE FAZER

1. Lave o vidro com água, a esponja e o sabão de coco, enxague e seque com jornal.

2. Com cuidado pro seixo não escorregar e trincar o vidro, faça uma montanha meio irregular, ocupando mais ou menos um quarto do espaço do vidro.

3. Posicione musgo verde de um lado, virando as raízes pra parte interna do vidro. Limpe o vidro por dentro com o pincel pra retirar qualquer resíduo de pó. Reserve.

4. Coloque o esfagno de molho no baldinho com água por alguns instantes. Escorra bem, afofe e, com ele soltinho, faça uma camada de 1 cm, escondendo o seixo.

5. Espete a rolha no palito e use essa "ferramenta" pra prensar o esfagno o máximo que conseguir, especialmente onde ele encosta no vidro. A ideia é criar uma camada compacta, pra que a areia não suje o seixo. Dá trabalho, mas fica lindooo depois! Passe o pincel no vidro por dentro pra deixar a parede bem limpa.

6. Agora, faça uma camada de areia bege por cima do esfagno.

7. Depois, faça outra de areia marrom e termine com uma terceira de areia clara. Quanto mais irregular o desenho, mais legal. Não ultrapasse a altura de um terço do vidro.

8. Faça uma camada de uns três dedos de espessura de substrato, pra acomodar as plantas. Reserve.

9. Aperte as bordas da cuia de fitônia e solte o torrão de raízes. Com a ponta dos dedos, separe as mudinhas que compõem a cuia e plante um grupo delas no terrário, inclinando-as levemente pra fora. Cubra as raízes com substrato e pressione a base com a rolha.

Própolis ajuda a proteger a touceira dividida.

MODO DE FAZER (continuação)

10. Repita o processo com a begônia, mas use só uma muda, dividindo a touceira — pingue própolis no corte.

11. Depois, plante a calateia, deixando um terço do substrato sem planta nenhuma.

12. Fora do vaso, prenda as tilândsias na ponta do tronco e coloque o conjunto no vidro, enterrando a base.

13. Pressione o substrato usando o palito com a rolha. Faça o acabamento com areia bege.

14. Com uma pinça, coloque o musgo preservado vermelho dando um toque de cor num cantinho.

15. Decore com as pedrinhas de quartzo, mas não exagere: esses enfeites não devem aparecer mais que as plantas. ;)

16. Molhe com duas ou três seringas cheias, fazendo com que a água escorra pelo vidro na parte que tiver musgo ou menos plantas (isso evita doenças).

17. Feche o vidro e mantenha o terrário tampado em local com muita claridade, sem sol direto.

Retire a muda de begônia com raízes.

Água no lugar certo evita doenças!

Capítulo 6
DO JARDIM AO PRATO

Aqui está um guia rápido e prático pra começar sua horta em casa, seja em vasos no parapeito da janela, seja num quintal espaçoso e ensolarado

A magia de comer algo que você plantou.

Horta é punk rock hard-core

Tô vendo você todo animado pra plantar seu próprio alimento. Não tem nada mais nobre na jardinagem do que isso, sabia? É lúdico, divertido e um passatempo revolucionário, mas deixa eu contar uma coisinha antes de você pegar na enxada?

Faz de conta que as plantas são ritmos musicais. As árvores, com seus longos ciclos, seriam música clássica. Algumas levam cinquenta anos pra amadurecer. Já colocou um caroço de abacate pra germinar? Vixe, são dois meses só pra ele decidir se enraíza ou não. Tudo suave, devagar, calminho.

Arbustos são mais animados. Aceitam podas e já se enchem de folhas. Dá pra fazer figuras com eles, conduzi-los ao longo de muros, torná-los densamente floridos em semanas. Se fossem música, seriam um pop dançante, Maroon 5, Caro Emerald.

Então temos as flores. O que são uma margarida, um lírio-de-um-dia, uma touceira de cravinas? Parecem crianças hiperativas! Brotam rápido, florescem em poucos meses e não param, vão num funk batidão até a última pétala!

Daí, vem você, que queria sossego, ter uns "temperinhos"… Não se engane com o diminutivo, não. Horta é punk rock hard-core. É a semente que brotou e deve ser transplantada, o manjericão que precisa de poda, a alface que, ih, ah lá!, murchou por falta de rega, a couve que estava linda ontem e agora se encheu de lagartas, a hortelã que tá passando da hora de virar chá. É uma adorável loucurinha.

Depois disso tudo, você deve estar se perguntando como é que tanta gente cultiva ervas e temperos em casa? É que colher o que você semeou, aquilo que viu crescer desde a primeira folhinha, não tem preço. Vale a briga contra dez pulgões, cem lagartas, o ataque zumbi inteiro. Acha que quem virou hortelão pensa em voltar a comer comida enlatada? Pois é. Já vi que você foi picado pelo bichinho da horta. Vem se munir pra guerra.

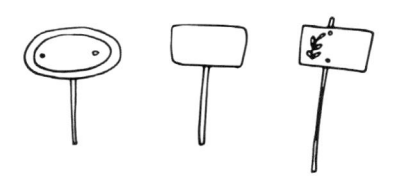

MEU HORTO, MINHAS REGAS

Vamos fazer uma viagem-relâmpago ao futuro. Tá vendo aquela pessoinha ali, na cozinha, montando uma salada, picando legumes, fazendo um bolo? Repara só como ela cheira o maço de salsinha. Viu o sorriso? Olha o tamanhico das cenouras, a cor viva dos rabanetes, o aspecto fresco das folhas de alface. Notou os vasinhos de ervas ali no parapeito da janela? Essa pessoa é você, daqui a uns meses.

Nem preciso recorrer à jardinagem telepática pra imaginar o orgulho que você terá da sua horta. Colher o próprio alimento dá poder. É lidar com todo tipo de problemas e, afinal, prosperar.

Sua vida vai mudar tão radicalmente que, contando, ninguém acredita. Não importa quão corrido for seu dia, você arranjará um tempinho pra dar uma conferida nos vasos, ver se apareceu alguma novidade, se as flores abriram ou os frutos mudaram de cor. Depois de esperar meses pra colher, uma hora vai cair a ficha de aceitar os tempos da natureza. Você ficará mais calmo. Eu fiquei. Os hábitos alimentares também vão se transformar, você terá mais vontade de cozinhar, de experimentar comidas diferentes e de não por tanto sal no prato, pra sentir melhor o sabor sutil de um tomilho ou as notas olfativas do manjericão.

Você vai ler o rótulo de cada adubo que comprar e se negar a usar defensivos tóxicos. Escolherá as sementes da estação como quem define as roupas que levará nas férias. E, então, chegará o momento da virada, depois que plantar e colher se tornarem habituais e a preocupação for com o que vai pro lixo. Pois é, tudo o que é vegetal e seria descartado pode virar adubo prazamigas plantas (na p. 226 mostro em detalhes a mágica da compostagem).

O tempo passará mais devagar. Sua saúde vai melhorar. Seus filhos e netos vão viver dias inesquecíveis cuidando da horta. As dicas pra essa revolução começar estão todas aí, nas próximas páginas. E eu fico aqui, vendo brotar no seu coração a semente da transformação verde. #orgulhodefine

DICAS DE OURO PRA HORTA

① DÊ VALOR ÀS ESPÉCIES NATIVAS

Existem mais de duzentos tipos de milho no mundo, mas só conhecemos o de pipoca e o de espiga. Você vai descobrir como as espécies nativas — ou, melhor ainda, da sua região — crescem mais fortes e saudáveis do que qualquer variedade gringa.

② DESCUBRA O MICROCLIMA LOCAL

Há um microclima diferente em cada canto da sua casa: tem cômodos ensolarados, outros mais úmidos e também aqueles onde o vento faz a curva. Entenda essas sutilezas antes de eleger as hortaliças que vão crescer no seu lar.

③ COLHER, PODAR, COMER!

A lei da horta é implacável: se não colher, as pragas vão comer. Então, nada de ficar com dó de cortar aquilo de que há meses você vem cuidando. Nada mais saboroso que a comida cultivada com carinho e sem agrotóxicos.

HORTA DE MUDA OU DE SEMENTE?

MUDA: já vem crescidinha, o que a torna mais resistente caso você se esqueça de regar alguns dias. A colheita é rápida e, se a espécie escolhida for de ciclo de vida anual, tem poucos meses de vida pela frente.

SEMENTE: frágil como um bebê, precisa de mais cuidados nas primeiras semanas e morre fácil se a terra ficar seca. Semeie num local protegido e passe pro vaso ou canteiro definitivo quando a muda tiver uns três ou quatro pares de folhas.

DÊ COMIDA PRA SUA COMIDA

Muitos se decepcionam com o tamanho das hortaliças que conseguem colher em casa. Ó, vou revelar aqui o segredo dos grandes fazendeiros: mesmo que você tenha uma horta num único vasinho, adube que nem gente grande. Sempre. Quanto mais regular e completo for o fornecimento de nutrientes pras plantas, melhor (tem muitas dicas de adubação na p. 39). Assim, você vai se surpreender com o tamanho e a beleza de frutas, verduras e legumes cultivados mesmo em espaços pequenos.

PLANTE CARNÍVORAS PERTO DA HORTA

Elas não atacam gente, mas são assassinas de moscas, mosquitos e outros insetos que infernizam a vida do hortelão. Nativas da beira de rios, onde o solo pobre tem seus nutrientes "lavados" pela água, dioneia, drosera e tantas outras aprenderam a "caçar" o próprio alimento. Nem todas têm armadilhas móveis — algumas preferem soltar substâncias pegajosas ou afogar a vítima num líquido digestivo. Mantenha suas monstrinhas no sol forte, num vaso com esfagno sempre encharcado.

JARDIM AROMÁTICO, COMIDA PERFUMADA

Ervas frescas transformam uma refeição simples em banquete de chef;
todas estas precisam de sol forte e podem ser cultivadas em vasos

Alecrim

Rosmarinus officinalis

Como planta típica do Mediterrâneo, tem as folhas finas, pequenas e com um verniz capaz de protegê-la de ventos fortes. Há espécies de alecrins rasteiros que precisam de pouco espaço, enquanto outras chegam a dois metros de altura. Plante em partes iguais de areia e substrato pra evitar que a umidade incomode as raízes.

Hortelã

Mentha crispa

Quando digo que hortelã tem de ser filha única, acham que estou mimando a moça, mas plante esta erva junto de qualquer outra espécie pra ver como, em poucos meses, só ela vai ficar no vaso. Culpa das intensas brotações que produz diretamente das raízes. Deixe a "espaçosa" sozinha num cantinho meio sombreado.

Lavanda

Lavandula dentata

Ela poderia casar com o alecrim de tão almas gêmeas que são. Esta flor de clima mediterrâneo também odeia umidade: se o solo estiver molhado e ela continuar murcha, NÃO regue. Ela provavelmente não deve ter curtido a umidade do ar e a água só vai piorar. Lavanda cresce melhor nas cidades serranas.

Manjericão

Ocimum basilicum

Se você só conhece manjericão verde e roxo, pasme: existem sessenta variedades deste que é o queridinho das hortas. Tem variedade com o aroma puxando pro anis ou pro cravo-da-índia, tem pequeno e grande; e todas crescem bem com sol forte e solo úmido. Colha antes de florescer e pode regularmente, pra planta ficar mais cheia.

Orégano

Origanum vulgare

O perfume do orégano fresco não tem quase nada a ver com o da erva seca do supermercado. Sabe por quê? São partes diferentes da planta. O industrializado vem de uma folha especial que protege as flores. Já da erva fresca colhemos a folha verdadeira, bem maior. Plante no sol forte e regue sempre que o substrato secar.

Tomilho

Thymus vulgaris

Tanto o tomilho comum quanto o tomilho-limão casam bem com peixes, queijos brancos e outras ervas finas. Esta espécie de porte pequeno dura pouco mais de um ano, especialmente se for mantida em local ensolarado, mas bem ventilado, como prefere crescer a turma do Mediterrâneo. Não exagere nas regas, hein?

PLANTE E COLHA EM MENOS DE UM MÊS

Crescem tão depressa que você vai ter de rever seus conceitos de fast-food:
em 28 dias, o rabanete está prontinho pra ser comido! Uau!

Um vaso ou uma jardineira de uns vinte centímetros de altura é o bastante pra cultivar qualquer espécie desta página ;)

Cebolinha
Allium fistulosum

Alho, cebola e cebolinha são todos primos de uma família de plantas de sol que armazena água e nutrientes em raízes especiais, os bulbos. Você não deve molhar demais essa turma, ou esse bulbo vai apodrecer. Acrescente areia ao substrato e espere que a superfície da terra seque antes de regar de novo.

Rabanete
Raphanus sativus

Manja criança precoce, que mal entrou na escola e já sabe ler e fazer conta? É o caso do rabanete: assim que a semente toca o solo fofo e úmido, começa a enraizar. Em uma semana surgem as primeiras folhas e, antes de completar um mês, a salada está garantida. Coma também as folhas novas, que são crocantes!

Salsinha
Petroselinum crispum

Tanto a salsinha quanto o coentro (*Coriandrum sativum*) precisam do mesmo trio de macetes pra ser cultivados. Plante em local ensolarado, mantenha o solo úmido e protegido com palhinhas (lembra delas da p. 54?) e colha sempre pelas bordas, preservando o "olho" central, de onde saem as brotações.

HORTA PRA ANSIOSOS

Se você não vê a hora de colher aquilo que plantou, que tal encurtar o ciclo de vida da planta e comer as versões precoces destas hortaliças?

Abóbora

Cucurbita sp.

O fruto da abóbora leva de três a cinco meses pra chegar ao ponto de colheita. Muito tempo pra você? Sem problemas: em vez de comer os frutos, que tal experimentar os brotos de folhas? Chamados de cambuquiras, são tenros, crocantes e têm um suave gosto do legume. Ficam uma delícia refogados.

Cenoura

Daucus carota

Momento jardinagem-verdade: a cenourinha baby que você compra de pacotinho é uma cenoura gigante cortada em pedaços num torno. #tijuro Pra fazer seu filho virar um coelho, experimente colher em dois meses a cenoura que vocês semearam juntos. Só cuide pro solo ser mantido sem pedras, pra raiz não nascer toda torta.

Alface

Lactuca sativa

Se quiser uma minissalada, pode colher qualquer hortaliça folhosa a partir de uns vinte dias de vida, incluindo alface, agrião, rúcula, almeirão e couve. Além de menores, as folhas novas têm sabor mais suave do que o das adultas. Corte o pé todo, já que as raízes não terão força pra fazer a planta brotar de novo.

Ao contrário da maioria das plantas da horta, a cenoura deve ser semeada no local definitivo: se transplantada, ela fica com a raiz torta e nasce "monstrinha".

MAS QUE RAIOS SÃO PANCS?

Plantas Alimentícias Não Convencionais são flores, caules, folhas, raízes
ou partes inteiras de plantas que pouca gente sabe que dá pra comer

Se nunca provou uma Panc, coma uma pequena quantidade, pra evitar uma eventual dor de barriga.

Beldroega
Portulaca oleracea

É o matinho mais insistente nas hortas do mundo e deixa muito agricultor irritado. O que poucos sabem é que a melhor maneira de acabar com a beldroega é comê-la — aliás, esta suculentinha já foi alimento de gregos, egípcios e romanos. Pode mastigar sem medo: ela é gostosa crua, refogada ou em conserva.

Boa-noite
Ipomoea alba

Tudo nela se come: as sementes ainda verdes, as folhas, os botões, até mesmo as flores. Pra provar esta trepadeira vigorosa e perfumada, refogue-a com azeite, pimenta e sal. Suas sementes torradas e moídas podem substituir o pó de café — taí um sabor que você nunca vai encontrar nas cápsulas prontas.

Dente-de-leão
Taraxacum officinale

Em vez de praguejar cada vez que surge um dente-de-leão no seu jardim, deixe esta "invasora" avançar cozinha adentro. Suas folhas têm gosto de almeirão e as flores dão colorido extra ao arroz ou à salada. As sementes surgem em delicados pompons que o vento espalha pra crescer até em solo pobre em nutrientes.

Flor-do-guarujá
Turnera subulata

Repara como a gente chama de "mato" até as plantas mais lindas e úteis que existem. Pois a flor-do-guarujá tem pétalas comestíveis, alimenta abelhas sem ferrão, fica bonita quase o ano todo e cresce até no sol escaldante, no meio-fio, sem cuidado nenhum. Olha quanta generosidade num único serzinho clorofilado!

Maria-sem-vergonha
Impatiens walleriana

Ela tem a impaciência no nome científico e a rusticidade no apelido que o povo deu. Esta simpática florzinha africana é colorida, comestível e muito boa pra locais sombreados e úmidos. Ela se adaptou tão bem ao clima brasileiro que virou invasora e tem seu cultivo proibido em algumas cidades.

Ora-pro-nóbis
Pereskia aculeata

Se você já tinha se acostumado a imaginar cactos com folhas rechonchudas, vai se surpreender com a folhagem fina da ora-pro-nóbis. Abundante no Brasil, esta espécie de sol pleno tem espinhos e floração chamativa. Agora vem o mais legal: folhas, flores e frutos são comestíveis — e muito saborosos.

OS MELHORES AMIGOS DA HORTA

Ajudam a manter formigas, pulgões e lagartas longe das espécies mais nobres que você estiver cultivando

Boldinho
Plectranthus ornatus

Irmão caçula do boldo-do-chile (*Plectranthus barbatus*), o boldinho tem porte compacto (não passa de cinquenta centímetros), folhas menores e mais redondas e aceita viver à meia-sombra. Seu aroma forte mantém baratas, formigas e pernilongos longe da horta. As folhas — amaaaaargas! — viram chá pra tratar azia, ressaca e indigestão.

Tagetes e capuchinha são plantas de ciclo de vida curto: semeie mais desses "inseticidas naturais" tão logo morram.

Capuchinha
Tropaeolum majus

Prove suas folhas, sinta o sabor suavemente picante que suas flores têm — mas corra pra chegar a elas antes das lagartas. Esta espécie funciona como um chamariz pras borboletas, que preferem colocar seus ovos na capuchinha em vez de usar outras plantas. Tenha sempre uns pezinhos dela na horta.

Tagetes
Tagetes erecta

Ela é colorida, comestível, fácil de cuidar e dá muitas flores, mas você vai querer ter tagetes por um motivo mais nobre: ela espanta pragas. Pulgões parecem odiar o cheiro desta flor — que, convenhamos, não é lá dos mais agradáveis (alguns a conhecem por cravo-de-defunto, coitada). Cultive em sol forte e solo úmido.

SAÚDE QUE BROTA DO CHÃO

Além de saborosas, estas espécies ajudam a tratar vários males,
de asma e sinusite a problemas digestivos

Não confunda este capim com sua irmã, a citronela (*Cymbopogon winterianus*).

Nunca use ervas medicinais sem acompanhamento médico.

Capim-limão

Cymbopogon citratus

Amasse uma folha entre os dedos: se sentir um perfume cítrico, é mesmo capim-limão e não sua irmã citronela.

Os talos ficam bons em sopas e caldos, enquanto o chá das folhas frescas garante calma e um sono de pedra mesmo pra quem sofre de insônia e ansiedade.

Gengibre

Zingiber officinale

Má digestão, dor de garganta, problemas no fígado… os orientais tratam tudo com gengibre (usam até pra tirar manchas de gordura das roupas). Plante num lugar do jardim à meia-sombra, com solo úmido e espaço pra touceira se multiplicar — se ele começar a brotar ainda na geladeira, vai crescer mais depressa na terra.

Sálvia

Salvia officinalis

Quem dá aulas como eu deve ter sempre um vasinho de sálvia em casa. Na forma de chás, é ótima pra voz. Tem rinite, sinusite, bronquite ou outro "ite" na família? Em vez de tomar o chá, faça uma inalação dos vapores que ele emana. Só deve ser evitada por grávidas e por quem estiver amamentando.

PLANTAR É BRINCADEIRA DE CRIANÇA

Reúna a molecada pra acompanhar o crescimento destas espécies lúdicas — quem sabe os pequenos não se animam a comer mais frutas, verduras e legumes?

Abacate

Persea americana

Esta árvore passa de vinte metros de altura, mas vale muito a pena ver seu longo processo de germinação. Se retirado do fruto com cuidado, lavado e mantido num copo com água, o caroço enraíza — mantenha-o meio entalado no copo, pra que só uma parte fique molhada. E espere. As primeiras folhas levam meses pra aparecer.

Abacaxi

Ananas comusus

O abacaxi de hoje vai coroar a fruta dos próximos anos se você retirar a coroa cuidadosamente e limpar as folhas de um centímetro da base. Assim, com uma faixa limpa, a coroa pode ser colocada num copo com água pra enraizar em poucas semanas. Com esse empurrãozinho, a muda pega mais fácil quando plantada em vaso, olha que legal! O abacaxi adora sol e poderia muito bem se juntar às frutíferas da p. 146!

Alho

Allium sativum

Tem alho brotando na sua geladeira? Bora plantar! Cada dente de alho pode gerar uma cabeça inteira sozinho, basta ser enterrado em substrato adubado e mantido num local ensolarado. Um truque pros bulbinhos não apodrecerem é deixar um pedaço do dente fora da terra. Colha em cerca de quatro meses.

Troque todo dia a água
do copo em que estiver
enraizado o abacate e
o abacaxi, pra evitar
apodrecimento e mau cheiro.

Composteira

passo a passo

Aqui eu ensino a fazer a composteira do zero, mas há kits prontos à venda na internet — alguns vêm até com moradores (minhocas!).

INGREDIENTES

3 caixas plásticas que se encaixem umas nas outras (com mais ou menos 30 x 40 cm, com uns 30 cm de profundidade)

1 furadeira com broca nº 6

1 broca-copo de 19 mm (opcional)

1 kit de torneirinha de filtro de água (vende em lojas de material de construção)

4 tijolos baianos (compre em lojas de material de construção)

1 telha quebrada ou caco grande de vaso de barro

5 kg de húmus de minhoca

minhocas-californianas (opcional)

500 g de serragem (ou folhas secas, jornal picado, aparas de grama)

restos de frutas, verduras e legumes

1 tampa plástica pra fechar a última caixa

MODO DE FAZER

1. Pegue duas caixas plásticas e, com a furadeira e a broca, faça vários furos pequenos em cada fundo.

2. Com a broca-copo, fure a terceira caixa na lateral, rosqueando em seguida a torneirinha com os anéis de vedação que vêm no kit. Se não tiver broca-copo, use a broca nº 6 e vá alargando o furo na marra.

3. Apoie os 4 tijolos no chão, no lugar onde a composteira ficará, e posicione a caixa com a torneirinha em cima deles. A ideia é elevar a estrutura do chão, pra facilitar a retirada do adubo líquido que fica na última caixa.

Rendimento:
1 composteira pra até 2 pessoas

Validade:
3 a 6 meses pro composto pronto

Composteira

MODO DE FAZER (continuação)

4. Coloque a telha quebrada dentro da caixa, posicionando-a do lado oposto da torneirinha. Ela servirá de rampa de salvamento caso alguma minhoca caia no líquido.

5. Pegue uma das caixas de fundo furado e coloque em cima da caixa de base, distribuindo aí metade do húmus. Se quiser usar minhocas-californianas, é nesta caixa que elas são colocadas no começo do processo. Cubra com o dobro de serragem (ou substituto) em relação ao húmus.

6. Agora, pegue a última caixa e a posicione em cima das outras duas, fazendo uma torre de três andares. Nesta caixa, coloque a outra metade do húmus, uma grossa camada de material seco (de novo, folhas secas, jornal, serragem, aparas de grama) e tampe.

7. Toda vez que for abastecer a composteira, jogue os materiais na caixa superior. Pique bem os resíduos orgânicos pra acelerar o trabalho das minhocas. **Sempre** |||||!! cubra a camada fresca com uma camada seca com o dobro do tamanho, pra evitar que apareçam moscas. Esse balanço entre uma parte de materiais úmidos e duas partes de secos é fundamental pra compostagem dar certo.

8. Mantenha a composteira tampada e em local fresco, sombreado e protegido da chuva.

9. Lembre-se de recolher o adubo líquido que se forma na última caixa: diluído em dez partes de água, ele pode ser usado na rega de qualquer planta.

VALE QUALQUER RESÍDUO DA COZINHA?

Teoricamente, sim. Tudo o que tinha vida, fosse vegetal, fosse animal, depois de um tempo é decomposto. Esse processo pode ser mais ou menos rápido, mas acontece de forma natural. O único problema é que restos de ovos, carnes, queijos e gorduras atraem animais que a gente não quer por perto, como ratos, moscas e baratas. Pra essa turma não aparecer, use apenas restos de frutas, verduras e legumes. Se tiver minhocas na sua composteira, evite também ervas medicinais, frutas cítricas e alimentos muito temperados.

3 SOLUÇÕES PÁ-PUM PRA PROBLEMAS

A CAIXA DO MEIO ENCHEU: use o adubo e troque de lugar com a caixa de cima.

DEU MAU CHEIRO: acrescente material seco. Fácil assim.

NÃO FEZ ADUBO LÍQUIDO: acrescente restos de vegetais úmidos. Prontocabô.

Faça seu lixo virar adubo em três meses.

Capítulo 7
ORQUÍDEAS SEM FRESCURA

Chegou a hora de desvendar o mundo secreto das orquídeas e descobrir que elas são pessoinhas muito mais camaradas do que você imaginava

Vai dar certo, acredita em mim!

Ter orquídea é mais fácil do que parece

"Ih, essa planta não gosta de rega. Não pode plantar na terra. Não deixe tomar sol. Não ponha mais de duzentos mililitros de água por semana." A pessoa sai da floricultura com tantos "nãos" que fica atordoada. Leva pra casa a planta embrulhada no celofane, com laço e tudo, bota na mesa de centro, longe da janela e faz selfie. "Agora vai!"

Começa aí um drama que eu conheço bem. A pessoa rega com os tais duzentos mililitros semanais e a planta começa a ficar feia. Pudera, está longe da luz natural, no ar-condicionado, com as raízes sufocadas pelos babadinhos de plástico. Quando caem as flores, surge o desespero: "Estou regando demais!". E dá-lhe menos água. Adubo, que é bom, necas. A planta vai ficando desgostosa, as folhas enrugam, amarelam, caem. Sobra aquele chifre de unicórnio no vaso, uma haste floral seca e acusatória. E, então, vem a inevitável conclusão: "Bem que o cara da loja disse que orquídea era difícil...".

Vem cá ganhar meu abraço. A culpa não é sua, viu? As orquídeas gostam muito mais de água do que dizem por aí. São plantas tropicais por excelência, crescem naturalmente nos lugares mais quentes e úmidos do mundo. Essa história de duzentos mililitros só funciona pra quem produz orquídeas profissionalmente: todas as plantas são irrigadas por um sistema automatizado, que calcula certinho quanto de água, adubo e fungicida cada vaso recebe.

Só que nossa casa não é uma produção padronizada de *Cattleya* ou *Dendrobium*. A ideia é ter figurinhas di-fe-ren-tes, neah? O que a gente vai fazer com mil *Phalaenopsis*, pelamor? Como cada espécie tem seus gostos pessoais por mais ou menos água, esses duzentos mililitros não fazem sentido nenhum.

Então, tira a planta desse celofane todo, deixa as raízes respirarem e bota o vaso onde tem bastante luz natural — ela pode até pegar um solzinho, como você vai ver. E regue muito (ensino direitinho como fazer isso na p. 31). Tenha sua orquídea em paz. Sem medo. É mais fácil e menos sofrido do que parece. Vem?

O FIM DA MODINHA DO CARVÃO

Ainda descubro quem foi a criatura que, pela primeira vez, botou uma orquídea num monte de pedaços de carvão e saiu gritando "eureca!". Toda semana alguém me manda fotos de orquídeas morrendo e, quando vou ver, elas estão plantadas no raio do carvão (vou ali tomar um chá de camomila pra acalmar os nervos e já volto).

Agora, erga a mão direita solenemente, coloque no peito e repita comigo, três vezes: "Não usarei carvão numa planta qualquer". Tô falando sério.

Meu mau humor com o uso exclusivo de carvão como substrato a torto e a direito nem é porque esse material de secagem rápida provavelmente vai matar sua planta de sede. Regando mais vezes no dia até dá pra oferecer umidade suficiente, mas isso não tem pé nem cabeça, afinal, só gera trabalho extra.

Fico realmente brava com a mentalidade de higienização que está por trás da modinha do carvão, a busca por um substrato que "não crie fungos nem bactérias".

Se você ainda não leu o trecho sobre os micro-organismos amigos, dá uma passadinha na p. 40 pra ver como é **impossível** uma planta crescer sem a ajuda de **bilhões** de bichinhos do solo. Tentar matá-los não é só sem sentido — é inútil. Basta o vaso ser exposto ao ar pros fungos e bactérias reaparecerem. E pior: essa fúria germicida ainda pode matar sua orquídea. Quer ver só?

As orquidáceas precisam de fungos especiais pra se desenvolver, um tipo capaz de crescer DENTRO das raízes. Sem micorrizas, elas não prosperam. E sabe o que são micorrizas? Um pacto do bem: os fungos ganham carboidratos das raízes e, em troca, elas absorvem água extra. São esses carinhas legais que algumas pessoas querem "esterilizar".

Não precisa fugir do carvão, é claro. Em pequenas porções, ele compõe o mix de substrato mais usado nas orquídeas (explico melhor p. 234). O problema é plantar só nesse material sem nem levar em conta de que planta se trata. Agora que já temos nosso acordo, existem de fato certas orquídeas que podem ser plantadas em carvão. Chamadas **rupícolas**, elas vão ficar felizes crescendo nesse material (tem mais sobre elas logo aí, na p. 234).

Bora conhecer as moças?

Flores novas por aí.

DICAS DE OURO PRAS ORQUÍDEAS

① MOLHE MAIS DO QUE RECOMENDARAM

Orquídeas amam água, só não curtem ficar com as raízes molhadas (se pé molhado dá chulé em gente, imagina em planta). Leve o vaso pra pia e molhe as folhas e todo o substrato — só poupe as flores. Escorra antes de recolocar o vaso no lugar.

② DEIXE QUIETINHA A PLANTA COM FLOR

Orquídea florida é tipo mãe de recém-nascido: concentra toda a energia na cria. Não mexa nela: muitas abortam a florada se passarem pelo estresse de um transplante. Espere as flores caírem antes de mudar de vaso.

③ NÃO JOGUE A PLANTA FORA DEPOIS DA FLORADA

Uma olhada nas caçambas dos bairros chiques da sua cidade revela um hábito chocante: muita gente joga fora a orquídea sem flor. Epa, planta não é descartável! Se bem cuidada, uma orquídea floresce PELO MENOS uma vez por ano.

OS MUITOS TIPOS DE SUBSTRATOS

SECAM MUITO DEPRESSA: carvão, brita, isopor, argila expandida, pedras, troncos

SEGURAM UM POUCO A UMIDADE: areia, casca de pínus, chips de coco

MANTÊM A PLANTA BEM ÚMIDA: terra, esfagno, fibra de coco em pó

ONDE AS ORQUÍDEAS GOSTAM DE MORAR

NA TERRA: fáceis de cuidar, podem ser plantadas em substrato comum de jardim, normalmente misturado com areia. As espécies mais comuns de orquídeas terrestres estão na p. 236.

NAS ÁRVORES: chamadas epífitas, não são parasitas, porque NÃO SUGAM NADA do tronco. Ficam ali porque é um lugar protegido, sombreado e fresco. Tem algumas dessas na p. 240.

NAS PEDRAS: taí a turma do carvão! Chamadas rupícolas, essas orquídeas preferem viver em rochas. Há as de locais ensolarados e as de beira de cachoeira. Veja algumas na p. 242.

POR QUE A PLANTA SAI DO VASO?

Quem tem orquídeas há anos já deve ter reparado que algumas não ficam comportadinhas no vaso: depois de um tempo, soltam raízes pra fora. Não precisa correr atrás de uma casa maior pra moça, não. Algumas espécies crescem na horizontal, produzindo brotos um na frente do outro, como se "caminhassem". As que têm pseudobulbos, bolotas ou caules especiais que armazenam nutrientes são assim. A cada seis meses, produzem uma nova geração e "andam" um tico mais. O jeito é plantá-las bem rente da borda do vaso, igualquenem ensino na p. 244.

A MANEIRA CERTA DE CUIDAR

Existem mais de 35 mil espécies de orquídeas espalhadas em todos os continentes, exceto na Antártida. Além dessas, estima-se em mais de 100 mil o número de híbridos, plantas feitas do cruzamento de duas ou mais espécies. São dois Maracanãs cheios de pessoinhas clorofiladas — e uma diferente da outra.

Então, sem essa de tentar cuidar das suas orquídeas de um jeito só. O melhor esquema é descobrir o nome da espécie, pesquisar como é o habitat dela e tentar reproduzir em casa. Sempre funciona.

UÉ, MAS ISSO É ORQUÍDEA?

Se surpreenda com a facilidade de cultivo destas espécies que crescem na terra como uma planta qualquer

> Orquídeas terrestres gostam de crescer em areia, terra comum de jardim e composto orgânico misturados em partes iguais.

Baunilha

Vanilla planifolia

Todos se espantam com este gênero, o único comestível entre as orquídeas. Não é pra menos: as *Vanilla* são trepadeiras terrestres de folhas suculentas e vagens perfumadas. Se não tivessem me dito, eu jamais imaginaria que uma orquídea pode ser tão diferente. Precisam de sol fraco, de umidade e de um muro pra escalar.

Faius

Phaius tankervilleae

Cada vez mais frequente nas feiras de orquídeas, esta planta de folhas largas e plissadas é originária das Filipinas. Dá umas dez flores por haste, com o miolo marrom aveludado e as pétalas mais claras, fazendo um bonito contraste. Floresce entre o fim do inverno e o início da primavera num cantinho com sombra da sua casa.

Orquídea-bambu

Arundina bambusifolia

Taí a mais popular das orquídeas terrestres, comum em bordas de muros, formando touceiras de dois metros de altura e crescendo feliz no sol forte. As flores rosadas surgem em todas as estações, acabando com a fama de que as orquídeas só florescem uma vez por ano. Mantenha a terra sempre úmida pra que cresça bonita.

Orquídea-grapete

Spathoglottis unguiculata

Existem quarenta espécies deste gênero de orquídeas, mas a mais famosa é esta, com florada roxa, que surge na primavera e no verão. Não é da coloração das flores que veio seu apelido e, sim, do de-li-ci-o-so perfume de uva que exalam. Plante sua grapete em local ensolarado, em substrato fofo, com umidade constante.

Orquídea-pipoca

Ludisia discolor

Pode pegar uma senha pra entrar na fila de autógrafos desta orquídea da Malásia: todo mundo a ama. Eis uma raridade no mundo das flores, já que são suas FOLHAS roxas estriadas de vermelho o grande tchã da planta. Reserve um lugar só com claridade pra ela e espere pelas flores (iguais a milho estourado!).

Orquídea-sapatinho

Paphiopedilum leeanum

Este é o sapatinho mais legal de um gênero supersofisticado. É vendido até em supermercados, então muitos o esnobam, só porque é popular. Dê uma chance a ele: bem regado e mantido no sol da manhã, vai fazer você sorrir no próximo inverno, quando se encher de flores.

TODA COLEÇÃO COMEÇA COM UMA *PHALAENOPSIS*

Batizada em grego como "orquídea parecida com borboleta", esta espécie de fácil cultivo tem flores que podem durar até QUATRO meses

Quando Deus criou as orquídeas, um anjo que estava por perto falou: "Senhor, essas estão difíceis de cuidar... Não quer pensar em alguma coisa mais simples pro pessoal lá embaixo ter em casa?". Certeza que foi assim que surgiram as *Phalaenopsis* (lê-se "falenópsis"), as orquídeas mais idolatradas pelos colecionadores iniciantes do Brasil.

Nem tente esse papo de "dedo podre" perto dela, porque a *Phalaenopsis* parece blindada contra todo tipo de ziquizira, de olho gordo a tempo abafado. Só tem uma coisa que mata esta lindeza assim, do dia pra noite: água empoçada no miolinho das folhas. Mas, ó, a moça é tão precavida que já veio de fábrica com uma sacada esperta pra evitar isso. Repare como, depois de uns meses, as folhas se inclinam pra fora do vaso, fazendo escorrer a água da chuva que teimar em empoçar.

Não bastasse tanta gentileza numa pessoinha só, esta verdinha vem em mil cores, nos tamanhos P, M e G, com flores que podem passar dos quatro meses de durabilidade. Mal termina uma florada e ela volta a se enfeitar, conseguindo a proeza de dar flores até quatro vezes por ano.

O segredo do sucesso com a *Phalaenopsis* é plantá-la em substrato misto (casca de pínus, chips de coco e pedacinhos de carvão) com uma bolota de esfagno nas raízes (tem passo a passo disso na p. 244). Regue pra deixar o vaso sempre úmido e coloque a planta num local que tome sol no período da manhã. Logo, logo ela vai agradecer o capricho mandando uma florada de arrancar suspiros.

SEGREDOS PRA SUA *PHALAENOPSIS* AMAR VOCÊ

1. Amarre-a numa árvore usando uma meia-calça velha

2. Tire o arame que prende a haste e deixe-a crescer na horizontal

3. Só corte o cabinho da flor se ele estiver seco

CADÊ A FLOR AZUL QUE ESTAVA AQUI? Nenhuma orquídea consegue ser naturalmente azul — todas têm uma limitação genética que as impede de alcançar essa cor. As *Phalaenopsis* azuladas que você vê por aí são flores brancas tingidas artificialmente em um processo elaborado, um segredo bem guardado dos produtores. Depois que as flores azuis caem, a próxima florada volta a ser candidamente branca.

AS ADORÁVEIS MONSTRINHAS FLORIDAS

Feias pra uns, maravilhosas pros colecionadores, estas espécies exóticas são impressionantes

Bulbophyllum rothschildianum

[pronuncia-se "bulbófilum"]

Nem só de bons aromas vivem as orquidáceas, e quase todo o gênero *Bulbophyllum* é prova disso. Com cerca de 3 mil espécies espalhadas pelas regiões úmidas e sombreadas do mundo, a maioria não se contenta em parecer estranha – e fede a carniça. Bem, deve ser bom pras moscas, suas polinizadoras naturais…

Psychopsis sanderae

[pronuncia-se "psicópsis"]

Os orquidófilos latinos a chamam de orquídea-borboleta, mas eu só consigo ver uma lagosta nas flores desta estranheza da botânica brasileira. Com três "antenas" — ou "garras", se preferir —, ela parece um bicho prestes a pular do galho. Deixe o vaso só na claridade, com substrato bem úmido; as flores aparecem várias vezes no ano.

Stanhopea tigrina

[pronuncia-se "stanhópea"]

Pra estar no elenco do filme *Avatar*, só faltava a *Stanhopea* brilhar no escuro — porque alienígena ela já parece ser. Suas flores nascem por baixo da folhagem, nos locais úmidos e com muita claridade: surgem botões gigantes que depois se dividem em três flores monstrinhas. Pena durarem só alguns dias…

A TURMA QUE CRESCE NAS ALTURAS

Elas gostam de viver nas árvores, mas você pode "enganá-las" plantando em vaso de barro em substrato que imite um tronco poroso e ventilado

Prefira plantar estas verdinhas em vaso de barro próprio pra orquídeas: ele tem muitos furos, pra que as raízes não fiquem abafadas.

Angraecum sesquipedale [pronuncia-se "angrêcum"] Manja gente que toma banho de perfume? As flores brancas desta orquídea são assim, têm um cheiro forte e doce que chega a dar dor de cabeça. O exagero é um segredo da planta pra atrair seu polinizador, uma mariposa que enxerga mal, mas sente o odor do *Angraecum* à distância. Cultive na sombra, em local bem ventilado.

Chuva-de-ouro
Oncidium sp.

O Brasil é o berçário de *Oncidium* do mundo: temos tantas variedades que, se você colecionasse só este gênero, ainda assim teria inúmeras plantas diferentes. As amarelas são chamadas de chuva-de-ouro, mas há outras famosas, como a orquídea-chocolate. Todas precisam de pouca água e podem tomar aquele sol fraquinho da manhã.

Denphal
Dendrobium phalaenopsis

Ela tem o caule em forma de cana-de-açúcar, típico dos *Dendrobium*, com folhas finas e espaçadas. Mas as flores… ah, elas puxaram a mãe. Esta mistura de *Dendrobium* com *Phalaenopsis* é uma das orquídeas mais resistentes que há, tolerante a meia-sombra e poucas regas, perfeita pra quem está começando.

Maxillaria tenuifolia

As folhas parecem um tufo de capim, vegetando à meia-sombra nas árvores das matas brasileiras. Chegue perto dela e veja suas flores laranja com pintinhas pretas — não são uma fofura? Agora, encha os pulmões e sinta o delicioso cheiro de coco queimado que só esta espécie consegue exalar.

Miltônia
Miltonia flavescens

Nunca entendi por que se dá pouca importância às orquídeas nativas. Além de serem mil vezes mais fáceis de cuidar, por já estarem adaptadas ao nosso clima, elas entouceiram depressa. Esta miltônia de meia-sombra cresce quase como mato e produz florada entre a primavera e o verão, com um doce cheiro de limão.

Olho-de-boneca
Dendrobium híbrido

Com sua florada capaz de durar meses, esta boneca encanta até quem já é marmanjo. Como o gênero *Dendrobium* aceita mil cruzamentos, é possível encontrar olho-de-boneca com flores em diversas cores, como pink, roxo ou laranja.

ELAS ADORAM QUEBRAR PEDRA

Olha só quanta diversidade a natureza reserva
pra quem resolve conhecê-la

A maioria das orquídeas que nascem em rochas tem porte pequeno e folhas envernizadas, truques que encontraram pra viver com pouca umidade.

1

Acianthera teres

Ela forma grandes colônias em locais pedregosos de altitude, nas regiões de serra dos estados de Minas Gerais e Rio de Janeiro. Graças a suas folhas roliças, pequenas e envernizadas, consegue passar o dia inteiro no sol (sem usar Sundown!). Use brita como substrato, mas deixe secar bem antes de regar de novo.

2

Laelia flava [pronuncia-se "lélia"]

Toda diva tem seus caprichos, e com esta plantinha brasileira de vinte centímetros de altura não é diferente. Sempre presente em exposições, floresce melhor na primavera se passar sede no inverno (vai entender as maluquices dessas celebridades…). Deixe que receba bastante sol, protegendo-a apenas nas horas mais quentes do dia.

3

Sophronitis cernua [pronuncia-se "sofronítis"]

Nativa do Rio de Janeiro, esta miudeza cresce tanto em árvores quanto nas fendas de rochas, onde folhas e liquens se enroscam, oferecendo nutrientes e umidade. Seu nome em latim significa "modesta e rastejante", mas você pode lhe dar um merecido destaque colocando-a num vaso lindo, num canto onde bata bastante sol.

Tem orquídea que gosta de crescer em cima de rochas — e no sol!

PLANTINHAS QUE PARECEM BRINQUEDOS

Uma tem hastes florais semelhantes a fios dourados, outra produz bolinhas vermelhas e amarelas com cara de jujuba — tem como resistir?

Nunca deixe que o substrato das micro-orquídeas seque completamente: estas espécies pequeninas não gostam de passar sede.

❶

Dendrochilum filiforme
[pronuncia-se "dendróquilum"]

Com um solzinho fraco pela manhã e regas pra manter o substrato ligeiramente úmido, esta orquídea cria uma mágica assim que começa o inverno. O que antes era uma touceirinha verde e sem muito charme, com míseros trinta centímetros de altura, ganha dezenas de fios carregados de florezinhas amarelas MUITO perfumadas. <3

❷

Mediocalcar decoratum

Imagine uma planta que caiba inteira na sua mão, com folhas rechonchudas e flores que parecem balas coloridas. Pois isso existe e é um serzinho clorofilado FOFO pra se ter em casa! Cada vez mais comum nas feiras de orquídeas, o *Mediocalcar* fica mesmo "decoratum" quando plantado em esfagno e deixado em muita claridade.

❸

Orquídea-negra
Brasiliorchis schunkeana

Ela é tão preta quanto uma pantera — o.k., se você chegar beeeem pertinho, vai ver que as flores de um centímetro são, na verdade, de um vinho muito escuro. Sorte que esta panterinha não cresce só no ambiente selvagem das matas brasileiras: ela gosta de ser paparicada num local fresco com muita claridade.

Transplante de orquídea

passo a passo

INGREDIENTES

1 vaso de barro próprio pra orquídeas, com uns 15 cm de diâmetro

1 arame encapado pra orquídeas de uns 20 cm (compre em garden centers ou reaproveite os que vêm nos vasos de *Phalaenopsis*)

1 alicate de bico chato

1 punhado de rolhas (ou isopor picado)

500 g de substrato pra orquídeas (mix de casca de pínus, chips de coco e pedaços de carvão)

100 g de esfagno (tem à venda em garden centers, floriculturas e orquidários)

1 baldinho com água

1 chuva-de-ouro sem flores

1 araminho de pacote de pão de fôrma

1 colher (sopa) de bokashi (é fácil de encontrar pela internet)

1 retalho de tecido natural ou de TNT

20 cm de linha ou barbante de qualquer cor ou espessura

MODO DE FAZER

1. Pegue o vaso de barro e procure na borda um dos três furinhos pequenos que ele tem (normalmente usados pra prender correntes e manter o vaso suspenso).

2. Passe uma ponta do arame encapado pelo furinho, torça e prenda bem, usando o alicate pra não machucar as mãos.

3. Faça o arame descer pela borda interna do vaso, ir até a metade do fundo e subir. Esta parte que sobe deve ficar grande e com a pontinha dobrada em si mesma, pra não ferir ninguém (já vi muitos acidentes acontecerem por causa dessa ponta afiada que fica exposta...). Aperte as dobras se preciso, pra firmar bem o tutor de arame.

Com o tempo, o substrato fica ácido e malcheiroso por isso replante sua orquídea a cada quatro ou cinco anos, regando muito logo que acabar o processo.

Rendimento:
1 orquídea de casa nova

Validade:
de 4 a 5 anos
de sossego

244

ingredientes

Mudar uma orquídea de vaso é moleza.

MODO DE FAZER (continuação)

4. Agora que o tutor está pronto, coloque as rolhas (ou o isopor picado) no fundo do vaso, tomando cuidado pra não vedar os furos de drenagem no fundo e nas laterais.

5. Adicione substrato pra orquídeas fazendo uma camada de mais ou menos uns 3 cm por cima das rolhas. Reserve.

6. Coloque o esfagno de molho num baldinho com água, até que fique bem encharcado e pare de soltar pó quando manipulado.

7. Enquanto espera, pegue a chuva-de-ouro e desprenda a orquídea do tutor, dos araminhos e de qualquer outra coisa que esteja fixando a planta no vaso. Retire-a do substrato velho, descartando com delicadeza todas as casquinhas que ficarem presas às raízes. Se precisar, dê uma lavada na planta pra soltá-los mais facilmente. Aproveite pra retirar palhas secas e cortar as hastes florais (elas não rebrotam nesse gênero de orquídeas). Reserve.

8. Volte ao baldinho em que o esfagno estava de molho e aperte pra escorrer o excesso de água. Afofe o musgo, fazendo uma bola mais ou menos do tamanho de uma laranja.

9. Coloque-a no meio das raízes da chuva-de-ouro, fazendo-as abraçarem o esfagno. Não se preocupe se algumas raízes quebrarem no processo, a planta se recupera bem depressa.

10. Posicione a traseira da orquídea na borda do vaso, deixando a frente com espaço pros brotos "andarem" (como comentei na p. 235). A parte de trás da planta é a que tem as estruturas gordinhas menores; a frente é aquela que acabou de dar flor.

11. Prenda a planta no tutor usando o araminho de pão de fôrma, sem apertar. Complete com mais substrato pra orquídeas e pressione bem em torno das raízes.

12. Agora, prepare o saquinho de bokashi fazendo uma trouxinha com um retalho de tecido ou TNT. Amarre com linha e deixe em cima do substrato, perto das raízes. Regue sempre em cima desse saquinho.

Dica ninja do bokashi.

Capítulo 8

AS VERDADEIRAS QUEBRA-GALHOS

Aqui estão plantas perfumadas, que atraem beija-flores, servem de cerca viva, sobrevivem à maresia e têm mil outras utilidades

Madressilvas atraem pássaros e têm um perfume delicioso.

Muito mais que um rostinho bonito

Quem vê um jardim bem cuidado ou um grupo de vasos dentro de casa pode não suspeitar, mas as plantas não estão ali só pra embelezar nossa vida. Não mesmo! Pois é, ser bonitinha não basta, elas também precisam barrar o vento, esconder uma vista feia, manter o cachorro longe do gramado e muitas coisas mais.

Dá pra usar uma folhagem especialmente bonita pra trazer cor praquele canto sem graça ou aproveitar o efeito pendente de uma trepadeira e disfarçar uma coluna de sustentação da sala. Escolhendo bem a espécie, é possível fazer mágica usando plantas. Perfumar o banheiro, criar uma sombra pro carro, dar aconchego ao espaço de leitura no quintal, embelezar muros e paredes sem graça.

E os benefícios das plantas também podem ser compartilhados. Olha que coisa mais generosa é a jardinagem! Experimente plantar madressilva pra ver o tanto de beija-flores que aparecem — eles até brigam pelo néctar! Tente deixar que pelo menos um pezinho de manjericão floresça pra garantir a comida das jataís, uruçus, mandaçaias e tantas outras abelhinhas nativas e sem ferrão que estão por aí, morrendo de fome.

Borboletas, saguis, sabiás, cigarras, bem-te-vis, esquilos, joaninhas e mil outros bichos precisam muito que a gente plante de tudo e de coração aberto. É preciso se encher de coragem pra combater medinhos e preconceitos, eu sei (eu morria de pavor de abelha), mas TE JURO que essa bicharada não liga pra gente se a deixarmos em paz.

Daí que essa diversidade toda gera um ciclo de beleza, de energia positiva, de bonança. É a gente devolvendo pra terra um pouquinho daquele tantão que tiramos na forma de alimento, de madeira, de espaço. Pensa em acolher tudo num grande abraço, em carregar as baterias da nossa alma nesse lugar encantado e verde que você tem em casa. Afinal, não é à toa que jardim é sinônimo de paraíso.

PERFUME SUA CASA COM PLANTAS

Flores ou folhas intensamente aromáticas vão deixar seu lar ainda mais aconchegante pra você e suas visitas

Dama-da-noite
Cestrum nocturnum

De dia, este arbusto das Antilhas não mostra a que veio. Suas flores brancas são muito miudinhas e a folhagem não tem nada de mais. É à noite que o show acontece, quando o perfume cítrico toma o ar — o aroma é tão forte que pode até dar dor de cabeça se plantado perto da janela do quarto. Esta planta gosta de sol e até de um friozinho.

Existem várias plantas com os mesmos nomes populares, como é o caso desta dama-da-noite e a da p. 264; na dúvida, confira o nome científico.

Falsa-verbena
Aloysia triphylla

Chamar uma plantinha indefesa de "falsa" pode parecer bullying, mas a verdade é que esta verdinha ganhou fama por seu perfume idêntico ao de uma celebridade botânica, a verbena. Tanto uma quanto outra crescem bem no Brasil (a original é mais difícil de achar), deixando aquele ar de L'Occitane em locais ensolarados.

Jasmim-manga
Plumeria rubra

Ficar nu não é lá grande coisa pras plantas, mas o jasmim-manga chama atenção até quando está pelado. Sem a folhagem brilhante ou a bela florada, esta arvoreta revela um tronco liso e roliço, uma escultura viva. As folhas lembram as da mangueira e as flores têm perfume de jasmim. Plante-a onde bate sol bem forte.

+ 5 PLANTAS PERFUMADAS

Cássia-imperial
Cassia fistula

Gardênia
Gardenia jasminoides

Jasmim-neve
Jasminum multiflorum

Manacá-de-cheiro
Brunfelsia uniflora

Rosa
Rosa x grandiflora; p. 139

COMIDA GARANTIDA PROS BEIJA-FLORES

Esses poeminhas alados são visitantes muito queridos e aparecem com mais frequência se você plantar algumas destas espécies

Madressilva
Lonicera japonica

As flores avisam quando estão passando da validade: de brancas, se tornam amarelas. Os beija-flores não parecem se incomodar e visitam esta trepadeira diariamente. Originária da China e do Japão, ela se adaptou bem às áreas de sol forte no sul do Brasil, onde chega a oito metros de comprimento.

Malvavisco
Malvaviscus arboreus

"Meu hibisco está doente, as flores não abrem", ouvi de uma moça. E pra explicar que hibisco e malvavisco não são a mesma coisa? Olha, passarinho esperto não confunde lé com cré, não. Embora tenham uma aparência meio fechada, as flores são um restaurante aberto, garantindo néctar quase o ano todo.

Sanquésia
Sanchezia oblonga

Passe uns minutos observando uma sanquésia pra ver beija-flores tretando. Bonitinhos mas ordinários, esses passarinhos territorialistas saem no pau por causa do néctar deste arbusto de três metros de altura, típico das áreas semiensolaradas do Equador. O jeito é plantar muitas sanquésias, pra evitar uma guerra aérea no jardim.

+ 5 PLANTAS PRA ATRAIR BEIJA-FLORES

Camarão-vermelho
Justicia brandegeena; p. 165

Chapéu-chinês
Holmskioldia sanguinea; p. 145

Flor-de-maio
Schlumbergera truncata; p. 123

Lágrima-de-cristo
Clerodendron thomsoniae

Lantana
Lantana camara

FLORES PRAS NOSSAS ABELHAS

Irapuás, uruçus, marmeladas e tantas outras amigas que não picam precisam da nossa ajuda pra seguir polinizando parques, praças e jardins

Assa-peixe
Vernonia polysphaera

Muito procurado por suas propriedades medicinais, este arbusto típico do cerrado cresce até em beira de estrada e aguenta a seca e o solo com poucos nutrientes. Numa daquelas mágicas da natureza, transforma essa pobreza toda em uma rica florada, com a qual as abelhas fazem um mel muito aromático.

Há pelo menos 330 espécies de abelhas nativas brasileiras. Sem ferrão, elas usam outras estratégias pra se defender, como fazer barulho ou se enroscar no cabelo.

Astrapeia
Dombeya wallichii

Este é o primeiro arbusto a ser plantado quando a ideia é dar uma força pras abelhas: as flores pendentes nascem por toda a copa e perfumam o ar com um delicioso cheiro de coco. Retire as flores secas pra evitar que atraiam moscas e adube bem nos meses quentes, garantindo uma floração mais intensa no inverno.

Odontonema
Odontonema tubaeforme

Nativo da América Central, este arbusto de quase três metros de altura pode ser cultivado no sol forte ou à meia-sombra e se enche de flores vermelhas na primavera e no verão. Vou falar a verdade: as flores não são lá grande coisa pra gente, mas pra jataí... É difícil dizer quem ama mais, se as abelhas ou os beija-flores.

+ 5 PLANTAS PRA ATRAIR ABELHAS NATIVAS

Coentro
Coriandrum sativum

Cosmo-amarelo
Bidens sulphurea; p. 142

Folha-da-fortuna
Kalanchoe pinnata

Manjericão
Ocimum basilicum; p. 211

Morango
Fragaria vesca

PLANTAS PRA CRIAR JARDINS IMPACTANTES

Das enormes folhas escuras do inhame-preto às pequenas flores em forma de inseto da borboleteira, um pouco das espécies mais exuberantes do mundo

Borboleteira

Rotheca myricoides

Arranje um lugar ao sol e um vaso grande pra este verdadeiro pé de borboletas azuis. Não, não é exagero! Olhe de perto as flores deste gracioso arbusto africano pra comprovar: estão lá os dois pares de asas e até as antenas! o.O Curiosamente, a borboleteira não atrai borboletas, mas mamangavas. Vai entender…

Escudo-persa

Strobilanthes dyerianus

Acompanhando muros levemente sombreados, este arbusto de quase um metro de altura, originário de Burma, chama atenção por suas folhas ao mesmo tempo verdes, lilases, rosadas e prateadas — nem Van Gogh viajandão conseguiria pintar algo assim! E ela ainda dá flores azuis. Afemaria, é muita lindeza no jardim…

Folha-de-prata

Leucophyllum frutescens

Grama baixa e um pezinho deste arbusto são tudo o que você precisa pro jardim ficar com cara de capa de revista. Com a folhagem acinzentada e densa, a folha-de-prata fica linda até sem flor, mas é na primavera que ela mais se destaca, quando vira um lindo pompom lilás. Cultive sob sol pleno, nas regiões mais frescas do país.

Inhame-preto

Colocasia esculenta var. *aquatilis*

Se pretende fazer um lago no jardim, reserve espaço pra esta maravilha de folhas roxo-escuras, quase pretas. Fácil de cuidar, é uma das plantas aquáticas mais vistosas, mas também consegue viver fora da água, com solo úmido e pelo menos quatro horas de sol por dia. É tóxica se ingerida.

Lofântera

Lophantera lactescens

Se disserem que esta obra-prima da natureza é gringa, não acredite: apesar do nome complicado, a lofântera é nossa e ninguém tasca. Na Amazônia, ela atinge vinte metros de altura, mas, quando cultivada fora de seu habitat, não fica tão alta. Ofereça sol, espaço, umidade e aguarde a chuva de flores douradas no verão.

Trepadeira-jade

Strongylodon macrobotrys

As flores em meia-lua são de um raro azul-esverdeado, garantindo a esta trepadeira milhões de seguidores. Espaçosa, ela fica mais diva se você criar um fã-clube pra ela, digo, um pergolado bem alto, pra que as flores pendentes possam se exibir. Não exige vinte toalhas brancas, mas precisa de sol forte e odeia passar frio.

+ 5 PLANTAS IMPACTANTES

Bastão-do-imperador. *Etlingera elatior*

Cipó-de-são-joão, *Pyrostegia venusta;* p. 145

Estrela-de-natal. *Scadoxus multiflorus;* p. 162

Neve-da-montanha, *Euphorbia leucocephala*

Veludo-roxo, *Gynura aurantiaca;* p. 195

A PRAIA É DELAS

Pode esquecer estas verdinhas no sol, no calor, na maresia — o jardim fica bonito o ano todo mesmo nas mãos de ~~marinheiros~~ jardineiros de primeira viagem

Cicas

Cycas revoluta

Este arbusto esconde um segredinho no meio das folhas franjadas. Nas plantas femininas, há um ninho aveludado cheio de bolinhas: os óvulos. Nas cicas masculinas, o miolo tem uma grande pinha com exóticas escamas. Apesar de alcançar dois metros de altura, leva tempo pra crescer poucos centímetros.

Clúsia

Clusia fluminensis

Taí uma planta guerreira, capaz de ficar linda mesmo a 40°C, com vento e maresia. Pudera, quem leva "fluminensis" no nome só podia gostar de praia! Esta árvore típica de áreas de restinga tem folhas duras em forma de gota e flores brancas que atraem abelhas sem ferrão. Pode bem pra manter a folhagem vigorosa e compacta.

Íris-da-praia

Neomarica candida

Disputa com banhistas o título de "rata de areia": do Espírito Santo ao Rio Grande do Sul, só dá esta flor branca, super-resistente ao calor e à maresia. Faça mudas dividindo a touceira em grupos menores e plante em solo úmido, em locais de meia-sombra. Fica linda contornando muros ou canteiros.

+ 5 PLANTAS PRA CIDADES PRAIANAS

Areca-bambu
Dypsis lutescens; p. 168

Flor-do-guarujá
Turnera subulata; p. 216

Hera-roxa
Hemigraphis alternata

Petúnia-perene
Petunia integrifolia

Salsa-brava
Ipomoea asarifolia

CERCAS VIVAS CONTRA OLHARES CURIOSOS

Pra manter a privacidade ou o cachorro longe do jardim, estas espécies crescem depressa, têm copa fechada e garantem que a casa fique linda e protegida

Podocarpo

Podocarpus macrophyllus

Na Ásia, este arbusto passa de quinze metros de altura, mas você não precisa se preocupar com espaço, porque no Brasil ele fica muito mais comportado. O porte alto e fino torna o podocarpo uma excelente opção pras cercas vivas a sol pleno ou à meia-sombra, inclusive em cidades onde há ocorrência de geadas.

Tumbérgia-arbustiva

Thunbergia erecta

Viu um muro enfeitado por um arbusto de flores azuis? Pode ter certeza de que é tumbérgia-arbustiva. Há três explicações pro sucesso que esta africana faz: a floração dura muitos meses, ela atrai beija-flores e se mantém bonita no sol forte ou à meia-sombra. Mantenha os galhos podados pra conseguir um formato compacto.

Xique-xique

Pilosocereus gounellei

De tão comum no Nordeste, aparece em letras de forró, nomes de restaurantes e até batiza uma cidade baiana. Forma densas touceiras a sol pleno, com espinhos que chegam a dez centímetros de comprimento. O xique-xique não se protege à toa: no verão, seus frutos de polpa pink são o socorro do sertanejo e dos animais sedentos.

+ 5 PLANTAS PRA CERCA VIVA

Coroa-de-cristo
Euphorbia milii; p. 269

Iuca
Yucca guatemalensis; p. 149

Murta
Eugenia mattosii

Palma-brava
Opuntia monacantha

Pau-d'água
Dracaena fragans

FAZENDO A FINA ATÉ NA VENTANIA

Pode mandar vendaval que estas plantas continuam sem um fio de cabelo fora do lugar (pra que laquê se elas têm folhas cobertas por um verniz natural?)

Dama-da-noite

Epiphyllum oxypetalum

Suas flores brancas, grandes e perfumadas abrem à noite e fecham pela manhã, um espetáculo pros insones. Este cacto trepador escala muros e leva anos pra entouceirar; em compensação, basta um pedaço de caule enfiado na terra pra muda pegar. Floresce muitas vezes por ano, mas precisa de sol pra ficar bonito.

> Esta é mais uma variedade de planta popularmente chamada dama-da-noite; na p. 253 tem outra, mas os nomes científicos são bem diferentes, viu?

Facheiro-azul

Pilosocereus pachycladus

Cacto arbustivo exclusivo das áreas de caatinga espalhadas por oito estados no Brasil. Passa dos dez metros de altura, tornando-se uma das mais altas espécies nesses ambientes tão áridos. Por sua resistência e capacidade de manter água e nutrientes em seu interior, é usado no sertão como fonte extra de alimento pro gado.

Pata-de-elefante

Beaucarnea recurvata

Com o caule grosso e lenhoso, faz mais jus ao seu nome popular no Brasil do que nos Estados Unidos, onde é "rabo-de-cavalo" — bem, se você olhar só as folhas, talvez ache que parecem uma crina ao vento… Cresce no sol forte ou na claridade, mas tão devagar que você vai conseguir colocá-la em qualquer cantinho.

+ 5 PLANTAS RESISTENTES A VENTO

Agave-dragão
Agave attenuata; p. 120

Alecrim
Rosmarinus officinalis; p. 211

Capim-dos-pampas
Cortaderia selloana

Flor-de-coral
Russelia equisetiformis; p. 142

Lavanda
Lavandula dentata; p. 211

FRIO NÃO É PROBLEMA PRA ELAS

Depois de olhar a lista abaixo, talvez você descubra por que algumas plantas queridas não vão bem na sua casa: falta aquele friozinho pouco tropical

Jasmim-estrela

Trachelospermum jasminoides

Na Europa, mal se vê a folhagem desta trepadeira quando está florida, de tão densa que fica sua cobertura branca. Este é o melhor jasmim pra plantar no Brasil, mas, por aqui, só vai bem no sul do país, onde as temperaturas mais frias são parecidas com as de seu habitat, o Himalaia. Por ter perfume muito forte, evite plantar perto do quarto.

Cravina

Dianthus chinensis

Roxo, rosa, branco, vermelho e até bicolor, com pétalas simples ou duplas, é grande a variedade de cores e formatos da cravina. De origem asiática, vai bem em cidades serranas e no sul do Brasil, onde dura muitos anos. Virou estrela nos restaurantes desde que os chefs descobriram que suas flores são comestíveis.

Nandina

Nandina domestica

Este arbusto da China e do Japão é daquelas pessoinhas queridas que todo mundo quer por perto: suas flores minúsculas parecem floquinhos de neve e se destacam no meio da folhagem verde e avermelhada. <3 Faz bordas de muros ensolarados sem ocupar muito espaço, já que não ultrapassa dois metros de altura.

+ 5 PLANTAS PRA LOCAIS FRIOS

Brinco-de-princesa
Fuchsia hybrida

Caliandra
Calliandra harrisii

Clívia
Clivia minata

Cordiline
Cordyline fruticosa; p. 165

Hortênsia
Hydrangea macrophylla

PLANTA TÓXICA NÃO É BICHO-PAPÃO

Mantenha no alto ou longe de casa estas espécies que podem causar alergias,
queimação e até tragédias se ingeridas por desavisados e animais de estimação

Na natureza existem plantas não comestíveis, indigestas, ligeiramente
tóxicas ou bastante venenosas. Pensando bem, comemos uma pequena
parcela de espécies botânicas: é só comparar a variedade de frutas,
verduras e legumes que tem no supermercado com a de plantas num
parque qualquer. Então, não custa lembrar que planta ornamental
|||||||| **não é de comer**.

Quem tem criança pequena ou animais de estimação (eu! eu! \o/) deve
ficar atento aos verdinhos que coloca dentro de casa, mas sem paranoia.
Facas, tomadas, produtos de limpeza, sacos plásticos, brinquedos
pequenos e mil outros objetos banais também podem matar e nem por
isso a gente fica em pânico de tê-los em casa, não é mesmo?

Ensine seu filho, neto ou sobrinho a amar e respeitar a natureza e ele
vai ser uma pessoinha maravilhosa, sem grilos de andar descalço ou
de mexer na terra. Quanto aos bichos de estimação, procure deixar
os vasos fora do alcance dos xeretas. Na p. 262, há dicas de cercas vivas pra
mantê-los longe de plantas potencialmente perigosas — porque há horas
em que só um cacto bem espinhento consegue brecar a fúria destruidora
de um filhotinho entediado.

+ 5 PLANTAS TÓXICAS

Alamanda
Allamanda cathartica; p. 145

Azaleia
Rhododendron simsii

Inhame-preto
Colocasia esculenta var. *aquatilis*;
p. 258

Tinhorão
Caladium x hortulanum; p. 165

Trombeta-dos-anjos
Brugmansia suaveolens

Comigo-ninguém-pode
Dieffenbacchia amoena

Não é culpa desta bela folhagem ser assim tão temida, viu? É do tal do oxalato de cálcio. Essa substância natural, encontrada em menor quantidade nos trevos e no espinafre, pode causar desde asfixia até a morte. Se não tiver crianças nem bichos de estimação, não se preocupe: ela não faz mal nenhum só de ser admirada.

Coroa-de-cristo
Euphorbia milii

Por décadas, protegeu de intrusos os quintais de avós, especialmente na Bahia e em Minas Gerais. Suculenta rústica e espinhosa, produz pares de flores vermelhas ou amarelas. Por ter seiva cáustica, comum a todas as plantas do gênero *Euphorbia*, deve ser mantida bem longe de cães, gatos e da criançada.

Espirradeira
Nerium oleander

De tão abundante nas ruas de vários países, a espirradeira passa despercebida, o que é bom e ruim ao mesmo tempo. Por um lado, suas folhas e flores venenosas não ganham muito alarde, mas, por outro, a gente mal repara na bela floração que este arbusto produz. Melhor conhecer pra evitar, né?

Ô, MEUS VERDINHOS...

Há menos de um ano, se tivessem me perguntado se gostaria de escrever um livro, eu teria me encolhido e dito que aquilo não era pra mim. Se hoje o "aquilo" é esta boniteza em lombada quadrada que você tem nas mãos, devo imensamente a cada leitor do Minhas Plantas, a cada comentário entusiasmado de "Eu adoraria ler um livro seu" ou de "Escreva mais!".

Edvin Markstein é o mais animado dos leitores que já passaram por meu site. Acreditou num livro com tamanha fé que prometi me esforçar pra ser a autora que ele tanto via em mim. E, olha só, Edvin, não é que brotou?

Tive outros adoráveis entusiastas a quem devo estas letrinhas. Agradeço em especial à Quezia Cleto, minha editora querida, que jogou a semente neste "vaso" grande e lindo, à espera de uma boa colheita.

E o que dizer da Carol Voorwald? Não sei se existe vida sem best, mas livro, ah, isso com certeza não sairia sem a leitura e os palpites da melhor amiga do mundo. Juds, #coracionei!

Fazem parte deste jardim espécies raras como Juliana Valentini e Flores Welle, meus anfitriões tantas vezes que qualquer dia eu finco raízes no Viveiro Oiti. Jubs e Flop, obrigada por serem tão didimopânacos!

Em Holambra, a Cidade das Flores, consegui um canteiro repleto de gente querida: Déborah Acosta e Fernando Honda, Ana Paula Sá Leitão, Vivian Klein Gunnewiek e Tommy Van Noije, Gerardus Olsthoorn, Marcelo Yamamura, Thomas Reeves, Íris, Jades, Mauro e Murilo Spagnhol, José Pompeo Júnior, Zedito Dainezi, Ana Cristina Domingos, Rachèl e Wilhelm Ter Steege, Thamara D'Angieri e todos os produtores do Veiling e da Gran Flora, sem os quais seria impossível ter tanta variedade de plantas pra brincar.

Devo muito a Fátima e Manuel Pereira Mendes, Sônia e Marcos da Cruz, Jorge Mendes da Cruz e a todos os colegas da Chácara Tropical, no Rio de Janeiro, que viraram meus irmãos depois de duas temporadas de filmagens pra tv praticamente morando na estufa de árvores-da-felicidade (onde as fotos da capa foram feitas, olha que astral!).

À minha mãe e à minha sogra, que me ensinaram a colher fruta do pé e a não temer lagartixas. A meu jequitibá rei, Raul Cânovas, por compartilhar tantas floradas formando paisagistas por esse Brasilzão (e olha que o danado é argentino, hein?). À Tati Maciel, carinho garantido há mais de vinte anos, e à Flávia Nunes, minha fada madrinha carioca.

Aos novos velhos amigos: Maria Clara Cascão, Eduardo Savazoni e Silvana Novaes, Diana Werner, Camila Schaedler, Julya Picheco, Márcia Carazzai e Maurício Sorgenfrei, Rodrigo Carneiro, Karina Saab, Vanessa Brochini, Elis Coelho, Thais e Edmilson Alves, Carlos Hanada, Priscila e Fábio Faria, Rachèl e Wilhelm Ter Steege, Mariana, Silvia e Luiz Maretti, Raphael Soares, Drê Magalhães, Camilla Botoni, Lívia Zaveri e Juliana Sae, meu mais profundo obrigada!

E ainda teve verdinho que não foi só fofo, emprestou também seu talento pra este livro ficar lindimais, né, Joana Figueiredo, Carol Scaff, Bruno Geraldi, Fernanda Santoro e Rod Beser? Ana Primavesi, Harri Lorenzi, Gil Felippe, Assucena Tupiassú, Denitiro Watanabe, Neide Rigo, Mariana Viktor, Rita Lobo, Fê Resende e Cris Zanetti, que delícia foi ter lido vocês!

A meu marido, Alexandre Pavan, por tudo, por tanto, por ser a companhia perfeita pra ver os sabiás despenteados.

Bruno Geraldi
pp. 16, 24, 34, 37, 42, 44, 51 (Acima e superior direita), 55, 57, 58, 60, 62, 65, 66, 67, 72, 75, 77, 79, 97, 98, 99, 103, 105, 114, 115 (Abaixo) , 127, 129, 131, 151, 153, 154, 171, 173, 175, 176, 178, 197, 199, 201, 225, 227, 245, 247, 270, 274

Carol Costa
pp. 6, 20, 243.3, 258.5, 261.2, 261.3, 266.1

Vivian Klein Gunnewiek
pp. 168.2

Shutterstock
pp. 1, 4, 9, 10, 12, 18, 19,22, 23, 26,27, 29, 31,33, 38, 40, 43, 47, 48, 50,51 (Abaixo e centro esquerda), 53,69, 70, 76, 78, 80, 81, 82, 83, 86, 88, 90, 92, 93, 94, 95, 101, 107, 108, 110, 111, 112, 113, 115 (Acima), 116.1, 116.2, 116.4, 116.5, 116.6, 119.1, 119.2, 119.3, 119.4, 119.5, 120.1, 120.2, 120.3, 120.5, 120.6, 123.1, 123.2, 123.4, 123.5, 123.6, 124.5, 124.6, 132, 134, 135,137, 138, 141.1, 141.3, 141.4, 141.5, 142.1, 142.2, 142.3, 142.4, 142.6, 145.1, 145.3, 145.4, 145.5, 145.6, 146.1, 146.2, 146.3, 146.4, 146.5, 156, 157, 158, 159, 161.1, 161.2, 161.3, 161.4, 161.5, 162.2, 162.3, 162.4, 162.5, 162.6, 165.1, 165.4, 165.5, 167.1, 167.2, 168.1, 168.3, 179, 181, 183.1, 183.2, 184.1, 184.3, 184.4, 184.5, 187.2, 187.3, 188, 191.2, 191.3, 191.4, 191.5, 191.6, 192.3, 195.1, 195.2, 195.3, 195.4, 195.6, 202, 204, 205, 207, 208, 211, 212, 214, 216.1, 216.3, 216.4, 216.5, 219.2, 219.3, 220, 223.3, 228, 230, 231, 233, 234, 237.3, 237.6, 239.3, 240.1, 240.2, 240.3, 240.4, 240.6, 242.2, 248, 250, 251, 252.3, 254.1, 254.2, 255, 256, 257.2, 258.2, 258.6, 261.1, 262.2, 262.3, 265.3, 266.2, 266.3, 269.2, 269.3, 272, 274

A Jagel/ Blickwinkel/ AGB Photo Library
pp. 165.2

Age Fotostock/ Easypix Brasil
pp. 237.1

Andrea Jones/ Garden World Images/ AGB Photo Library
pp. 257.1

Arco Images/ Easypix Brasil
pp. 124.2

ARCO/ H. Reinhard/ AGB Photo Library
pp.123.2

De Agostini/ A. Croci/ AGB Photo Library
pp. 142.5

De Agostini/ C. Dani & I. Jeske/ AGB Photo Library
pp. 257.3

De Agostini/ G. Cigolini/ AGB Photo Library
pp. 149.1

DEA/ C. DANI/ Getty Images
pp. 119.6

Dorling Kindersley/ Getty Images
pp. 124.1

F. Hecker/ Blickwinkel/ AGB Photo Library
pp. 252.2

FLPA/ Larry West/ AGB Photo Library
pp. 216.2

Fotosearch/ Easypix Brasil
pp. 192.1, 141.2, 243.1, 258.4

Geff Reis/ AGB Photo Library
pp. 149.3

Geff Reis/ AGB Photo Library
pp. 183.3

Gilles Delacroix/ Garden World Images/ AGB Photo Library
pp. 161.6, 184.2, 192.2, 258.3

GWI/ Debbie Jolliff/ Garden World Images/ AGB Photo Library
pp. 237.4

GWI/ Floramedia/ Garden World Images/ AGB Photo Library
pp. 167.3

Ingo Schulz/ imageBROKER/ AGB Photo Library
pp. 258.1

iStockPhoto/ Getty Images
pp. 124.4, 242.3, 262.1

J Flohe/ Blickwinkel/ AGB Photo Library
pp. 243.2

Jenny Lilly/ Garden World Images/ AGB Photo Library
pp. 265.1

Jonio Machado/ AGB Photo Library
pp. 223.2

Kriz Petr/ allphoto/ AGB Photo Library
pp. 237.2

Manfred Ruckszio/ Alamy/ Latinstock
pp. 216.6

MAP/ Arnaud Descat/ Garden World Images/ AGB Photo Library
pp. 239.1, 239.2, 269.1

Marcos Hirakawa/ AGB Photo Library
pp. 149.2

Martin Hughes-Jones/ Garden World Images/ AGB Photo Library
pp. 165.3

Michael Warren/ Photoshot News/ Latinstock
pp. 242.1

Michael Warren/ Photoshot/ AGB Photo Library
pp. 116.3

Morales/ Age Fotostock/ AGB Photo Library
pp. 223.1

Nigel Downer/ PictureNature/ AGB Photo Library
pp. 191.1

Paul Harcourt Davies/ Garden World Images/ AGB Photo Library
pp. 240.5

R Koenig/ Blickwinkel/ AGB Photo Library
pp. 195.5, 237.5, 254.3

Science Photo Library/ Latinstock
pp. 252.1

Stephanie Jackson - Gardens and flowers collection/ Alamy Stock Photo/ Latinstock
pp. 141.6, 145.2

Trevor Sims/ Garden World Images/ AGB Photo Library
pp. 184.6, 219.1

U Katz/ Blickwinkel/ AGB Photo Library
pp.124.3

Visions Pictures/ AGB Photo Library
pp.120.4, 165.6, 187.1, 265.2

Westend61/ Getty Images
pp.162.1

As páginas indicadas em itálico se referem às fotos.

Carol Costa brotou em Piracicaba (SP), mas, gramínea que é, logo se espalhou por São Paulo. Cresceu jornalista e, por dezoito anos, viveu nos lugares mais ensolarados da Editora Abril, da *Folha de S.Paulo*, da Rede Record e da Globo AM. Em 2012, desabrochou ao criar o Minhas Plantas, maior site do ramo no Brasil, com mais de 13 milhões de visualizações no YouTube. Nos últimos anos, absorveu nutrientes da jardinagem do Parque Ibirapuera e do paisagismo do Instituto Brasileiro de Paisagismo. Encontrou solo fértil na pós-graduação em agricultura biodinâmica do Instituto Elo, em Botucatu (SP). Volta e meia suas sementes aparecem no GNT, no programa *Mais Cor, por Favor*. Há três anos floresce todos os dias na BandNews FM, no ~~vaso~~ quadro "Jardinaria". Espalha suas ramas em cursos, palestras e consultorias, mas pretende fazer dos livros seu grande jardim.

Site: minhasplantas.com.br
Insta: @minhasplantas
Face: /minhasplantas

Esta obra foi composta por Joana Figueiredo e acomte em Acta e impressa pela Geográfica em ofsete sobre papel Couché Design Matte da Suzano S.A. para a Editora Schwarcz em julho de 2021

FSC
www.fsc.org
MISTO
Papel produzido
a partir de
fontes responsáveis
FSC® C019498

A marca FSC® é a garantia de que a madeira utilizada na fabricação do papel deste livro provém de florestas que foram gerenciadas de maneira ambientalmente correta, socialmente justa e economicamente viável, além de outras fontes de origem controlada.